Le 21 juin 1901, M. Froment-Meurice lut devant le conseil municipal de Paris une lettre de son oncle Paul Meurice :

12 juin 1901.

Messieurs les Conseillers Municipaux de Paris,
[...] je viens offrir à Paris de donner à la France la Maison de Victor Hugo. [...]
Nous y pourrons [...] réunir de lui plus de cinq cents dessins [...] ; et l'une des salles du musée tout entière [...] aurait une décoration d'oiseaux, fleurs, chimères et figures, sculptée, incisée et peinte par lui dans le goût le plus charmant et le plus rare.
[...] nous apporterions au musée une collection de tableaux et de dessins inspirés par ses poèmes, ses romans et ses drames [...].
Enfin Georges et Jeanne [...] reconstitueront dans la Maison de Victor Hugo sa chambre de l'avenue d'Eylau [...].
Maintenant, quelle sera cette Maison de Victor Hugo ?
Ce sera [...] la maison qu'il a habitée le plus longtemps à Paris, de 1833 à 1848, la maison de la période romantique, où il a écrit ses grands drames, livré ses grandes batailles, la maison du n° 6 de la place Royale [...].

En novembre de la même année fut adopté le principe de l'organisation d'une fête place des Vosges, pour le centenaire de la naissance de Victor Hugo.

Tout cela devait s'inscrire dans un programme de festivités organisées conjointement par l'Etat et la Ville de Paris du 25 février au 2 mars 1902.

Le 26 février, jour anniversaire de la naissance du poète, à 10 heures du matin, une cérémonie réunit au Panthéon les représentants des grandes institutions politiques et administratives, les corps constitués...

L'après-midi de ce jour fut marqué par l'inauguration du monument du sculpteur Barrias, place Victor-Hugo[1].

La dédicace de la Maison de Victor Hugo, le dimanche 2 mars, tint une place privilégiée dans ce programme.

A. Gerschel
Paul Meurice

L'inauguration du musée, initialement prévue à ce moment, dut être repoussée à cause des difficultés rencontrées au moment du transfert de l'école communale installée dans l'hôtel de Rohan-Guéménée dont les baux étaient encore en cours. On procéda donc d'abord à la seule dédicace du musée pour lequel une lourde tâche restait à accomplir. Cet événement fournit le prétexte à une grande fête populaire organisée par la municipalité dans le square de la place des Vosges, dans l'après-midi et dans la soirée.

La façade du futur musée se distinguait par des guirlandes de feuillage et des faisceaux de drapeaux ainsi que par la plaque de dédicace, toujours en place. L'autre plaque rappelant la présence de Victor Hugo en ce lieu avait été apposée en 1898. Dans l'angle, une haute bannière évoquait l'événement du jour.

La première partie de la cérémonie vit un défilé des enfants des écoles qui jetèrent palmes et fleurs devant le moulage de la figure de Victor Hugo exécutée par le sculpteur Bareau pour un haut-relief.

La façade
de l'hôtel
de Rohan-
Guéménée
le 2 mars 1902

Charles Crespin
*Le Génie de la
Renommée
descendant sur
la maison du
poète, place
des Vosges*
Extrait du
*Petit Parisien,
Supplément
littéraire
illustré*
9 mars 1902

Auguste Lepère
*Fête du
centenaire,
place des
Vosges
le 2 mars 1902*

La deuxième partie, intitulée *Apothéose de Victor Hugo*, fut placée sous la direction musicale de Gustave Charpentier. On vit la muse ouvrière, sous les traits d'une ouvrière typographe, Jeanne Girard, effeuiller des pétales de roses devant la statue de Victor Hugo pendant que retentissait le chant d'apothéose composé par Gustave Charpentier.

Puis la place s'illumina : les titres des œuvres de Victor Hugo s'inscrivirent sur les grilles, un décor d'architecture orientale apparut. Enfin la Maison de Victor Hugo se tendit d'une nappe de lumière sur laquelle se profila une muse gigantesque aux ailes déployées portant palme et flambeau.

Le 30 juin 1903, l'inauguration de la Maison de Victor Hugo vit le couronnement de tous les efforts de Paul Meurice.

Paul Meurice (1818-1905) était le demi-frère du célèbre orfèvre Froment-Meurice. Il avait fait très jeune la connaissance de Victor Hugo par l'intermédiaire d'un de ses camarades au collège Charlemagne, Auguste Vacquerie (1819-1895). Ce dernier, fervent admirateur de Victor Hugo qu'il avait rencontré en décembre 1835, devint très rapidement un ami intime de la famille alors installée place Royale. Son frère Charles épousa Léopoldine Hugo en 1843. Dès 1836 Paul Meurice fut introduit chez Victor Hugo et connut donc l'appartement où il devait beaucoup plus tard installer un musée. Son amitié et son dévouement pour le poète ne se démentirent jamais pendant près de 50 ans.

En 1848, lorsque Victor Hugo fonda *L'Evénement*, Paul Meurice devint le rédacteur en chef de ce journal qui soutint d'abord la candidature de Louis Bonaparte à la présidence de la République puis défendit la démocratie avant d'être supprimé après le coup d'Etat. Un article de François-Victor Hugo les conduisit tous deux en prison en septembre 1851. En 1869 Paul Meurice fonda *Le Rappel* avec les fils de Victor Hugo et Auguste Vacquerie. Il y publia de nombreux articles.

Resté en France durant toute la période de l'exil qui suivit le coup d'Etat du 2 décembre 1851, il s'occupa des affaires de Victor Hugo et de la publication de ses œuvres.

Il écrivit lui-même de nombreux drames et romans, travailla avec Dumas et adapta également au théâtre *Les Misérables*, *Notre-Dame de Paris* et *Quatrevingt-treize*.

Par son testament littéraire du 23 septembre 1875, Victor Hugo chargea Paul Meurice, Auguste Vacquerie et Ernest Lefèvre de la publication de ses manuscrits. Paul Meurice travailla donc activement à l'Edition Nationale des œuvres de son maître.

Ce fut dans un esprit de dévouement, voire de piété, qu'il fut à l'origine, 20 ans après la mort de Victor Hugo, de la création du musée de la place des Vosges.

Le 12 mai 1889 la maison habitée par Victor Hugo dans les dernières années de sa vie, au n° 124 de l'avenue Victor-Hugo, fut ouverte au public. L'intérieur en avait été reconstitué, en particulier le salon et la chambre du poète ; de nombreux souvenirs de Victor Hugo et Juliette Drouet s'y trouvaient rassemblés. Certains se retrouveront par la suite dans l'actuel musée de la place des Vosges. La maison ne resta ouverte que pendant un an.

Les souvenirs que possédait Paul Meurice formèrent le noyau du futur musée de la place des Vosges. La constitution des collections donna lieu à de nombreuses commandes passées par Paul Meurice en 1901-1902 : A. Besnard (*La Première d'Hernani*), E. Grasset (*Eviradnus*), L.-O. Merson (*Une larme pour une goutte d'eau*), J.-F. Raffaelli (*La Fête des 80 ans du poète*), G. Rochegrosse (*Les Burgraves*), A. Roll (*La Veillée sous l'Arc de triomphe*), A. Steinlen (*Les Pauvres Gens*), D. Vierge (*Les Funérailles de Charles Hugo*), L.-A. Willette (*La Mort de Gavroche*)... Le portrait de Victor Hugo en 1879 par Bonnat, copie du tableau conservé au Château de Versailles, fut commandé à l'artiste lui-même.

Dans le domaine de la sculpture, les commandes furent moins nombreuses. Parmi elles, le buste du poète par Auguste Rodin, *L'Apothéose de Victor Hugo* par Henri Cros.

Ces commandes destinées à illustrer l'œuvre de Victor Hugo furent un aspect original de la constitution du musée qui fut en outre à l'origine de nombreux achats, parfois effectués par Paul Meurice auprès des artistes eux-mêmes. Le portrait de Victor Hugo peint par F.-N. Chifflart s'inscrit parmi ces achats.

Il convient d'ajouter tous les dons consentis à Paul Meurice. Parmi eux, le portrait des grands-parents maternels de Victor Hugo et le portrait de Sophie Trébuchet.

La collection de Louis Koch, neveu de Juliette Drouet, vint s'ajouter à celle de Paul Meurice. Elle comprenait les meubles conçus par Victor Hugo pour Hauteville Fairy, maison de Juliette Drouet à Guernesey, les éléments décoratifs et les panneaux peints par le poète pour le salon chinois de cette demeure, environ 250 céramiques, une importante collection de dessins de Victor Hugo, de très nombreux souvenirs (parmi lesquels la table de *La Légende des siècles*, les plumes des *Misérables*...), des dessins, des estampes, des photographies...

La collection cédée par Paul Beuve tint également sa place dans la création du musée. Elle rassemblait l'imagerie populaire, les bibelots, tous les objets que l'intérêt commercial et le culte porté à Victor Hugo purent inspirer : têtes de pipes, pots à tabac, assiettes, chenets, bouteilles, insignes, calendriers, documents publicitaires...

Il faut aussi rappeler l'importance du don consenti à la Ville de Paris par les petits-enfants du poète, Georges et Jeanne : la reconstitution de la chambre de leur grand-père, avenue d'Eylau.

L'installation du salon chinois fut une part importante du musée. La mise en place des panneaux et leur adaptation à une salle de musée n'allèrent pas sans poser de nombreux problèmes. Certains aménagements s'imposèrent. Il suffit de confronter l'état actuel avec les photographies prises chez Juliette Drouet pour s'en rendre compte. On réalisa le lambrissage de la pièce, les casiers destinés aux assiettes... et on compléta le décor de quelques pièces de céramique qui vinrent s'ajouter à celles que l'on inséra dans les casiers prévus à cet effet et dont la disposition rappelait l'état d'origine.

Le jour de l'inauguration du musée, le 30 juin 1903, fut marqué d'une particulière solennité.

La présentation du musée, moins étendu qu'aujourd'hui, a été totalement modifiée depuis.

La visite du 1er étage commençait par une salle de dessins sur les œuvres. On entrait ensuite dans la vaste salle des peintures où étaient présentées les commandes de Paul Meurice (parmi lesquelles le portrait de Bonnat) et le buste de David d'Angers. Puis venait la bibliothèque.

L'antichambre du 2e étage précédait une salle, l'actuel salon rouge, consacrée aux dessins de Victor Hugo. Y étaient exposés Le Burg à la Croix et les deux phares. On arrivait ensuite dans le salon chinois dont l'emplacement n'a pas

Reconstitution
de la chambre
de Victor
Hugo, avenue
d'Eylau

changé. Venaient enfin une petite salle annexe de dessins et la chambre de l'avenue d'Eylau fidèlement reconstituée.

Malgré quelque écho discordant, déplorant la froideur et l'absence d'émotion dégagée par la présentation des souvenirs personnels de l'écrivain[2], la presse accueillit l'ouverture du musée en termes enthousiastes : [...] *aujourd'hui la municipalité parisienne possède, admirablement agencé, complet, impressionnant même, ce monument de piété et de reconnaissance élevé par une noble ville à un noble poète*[3]. Les articles rappellent la générosité du donateur, insistent sur les commandes passées auprès des artistes contemporains, sur les dessins de Victor Hugo... Et dans un ton si fréquemment employé à l'époque à propos de Victor Hugo, en des termes qui ne sont pas avares d'exagération, certains vont même jusqu'à qualifier le nouveau musée de sanctuaire. Ne citons qu'un seul exemple : *Une visite à cette maison sera donc, pour le penseur, un véritable pèlerinage ; ces murs vont devenir un vrai temple, perpétuant, de façon matérielle, tangible, vivante, le souvenir du poète aimé, non seulement le plus grand entre les plus grands, mais aussi le plus bienfaisant, le plus consolant, le plus doux, le meilleur...*[4]

1. Ce monument a été fondu en 1941. Seules des photographies en conservent le souvenir. Les bas-reliefs se trouvent au musée des Beaux-Arts et de la Dentelle de Calais et dans le jardin public de Veules-les-Roses.
2. Article de Jules de Saint-Hilaire, *Le Journal des Arts*, 3 février 1904.
3. Article de Camille Gronkowski, *Le Gaulois du Dimanche, Supplément Hebdomadaire Littéraire et Illustré*, 27-28 juin 1903.
4. Article de L. Méaulle, *Le Monde Illustré*, 27 juin 1903, p. 620.

L'hôtel où vécut Victor Hugo, couramment appelé hôtel de Rohan-Guéménée, fut construit par Isaac Arnauld, conseiller du roi et intendant des Finances à qui l'emplacement avait été cédé en juin 1605 lors du lotissement du parc des Tournelles. Après être passée entre les mains du marquis de Lavardin (1612-1621) puis de Pierre Jacquet, seigneur de Tigery (1621-1639), la demeure devint la propriété de Louis de Rohan, prince de Guéménée et resta dans cette illustre famille jusqu'en 1784. De très importants travaux d'aménagement intérieur furent effectués mais la faillite causa la mise en vente de l'hôtel qui fut alors acquis par Jacques Desmary. Ce fut à lui que l'on accorda l'autorisation, en 1785, d'édifier deux balcons aujourd'hui disparus, l'un au premier étage et l'autre au deuxième.

En 1797, l'hôtel passa aux mains de la famille Péan de Saint-Gilles dont les descendants le cédèrent en 1873 à la Ville de Paris. Une école y fut alors transférée.

Le 25 octobre 1832, au milieu des répétitions de sa pièce *Le Roi s'amuse*[1], Victor Hugo s'installa place Royale. L'émeute de juin 1832, à l'occasion des funérailles du général Lamarque, l'avait incité à quitter le n° 9 de la rue Jean-Goujon où il vivait depuis le mois de mai 1830, pour se rapprocher du centre de Paris et de certains amis tels Charles Nodier, bibliothécaire de l'Arsenal, ou Théophile Gautier qui habitait au n° 8 de la place Royale avec ses parents. Ce dernier partit en 1834.

Le bail, signé le 12 juillet 1832, stipulait une location pour trois, six ou neuf ans à partir du 1er janvier 1833 d'*un appartement au second étage sur la Place royale, et en aile dans une maison sise à Paris Place Royale n° 6 ; le d. appartement consistant en une antichambre, salle à manger et salon sur le devant, cuisine sur la cour, plusieurs pièces en aile desservies par un corridor, avec sortie par un petit escalier, lieux d'aisance, bucher, trois chambres de domestiques et une cave.* Le loyer annuel était de 1 500 francs à payer en quatre termes égaux, à partir du 1er avril 1833.

La correspondance familiale se fait l'écho de ce changement de vie. Le 30 octobre 1832, Léopoldine, fille aînée du poète, âgée de huit ans, écrit à son amie Louise Bertin : *Je te demende pardon si je ne t'ai pas repondu plutot parceque nous somme demenager a la place royale n° [6] nous somme très bien loger ou nous somme nous avons un tres beau balcon qui donne sur la place Royale je suis bien fachée de ne pas avoir [pu] t'ecrire plutôt se n'est pas ma fautes parce que papa a arrange tout ses tableau, et c'est très long [...] je m'ennuis beaucoup ici je n'ai plus de petite amie J'ai été trop loin et je ne peut les voir souvant comme a la rue jean-goujon.*

Le même jour, Victor Hugo écrit lui aussi à Louise Bertin : *Il faut que vous me plaigniez [...] d'être depuis huit jours dans l'exécrable tohu-bohu d'un déménagement, fait à l'aide de ces machines prétendues commodes qui ont aidé tant de pauvres diables à déménager en masse et pour leur dernier logis à l'époque du choléra. Voilà huit jours que je suis dans le chaos, que je cloue et que je martèle, que je suis fait comme un voleur. C'est abominable.*

Certains déplorèrent l'éloignement de Victor Hugo. Quelques mois plus tard, le 9 juin 1834, Gaspard de Pons adressait ces lignes au poète : *J'irai peut-être même vous demander à déjeûner ou à dîner, parce [...] qu'à la distance où je suis de vous, c'est le seul moyen à-peu-près sûr que je sache de vous rencontrer, et tout cela, parce que vous avez eu l'idée biscornue d'aller vous planter au Marais [...]. Adieu donc, marécageux seigneur [...]*[2].

L'hôtel se composait d'un corps de logis sur la place et de deux ailes en retour portant dix croisées de façade chacune et donnant sur la cour. Celle-ci était bordée d'écuries et de remises et communiquait avec l'impasse Guéménée. L'aile gauche formait entresol sur le jardin. Notons au passage que Victor Hugo ne disposait pas d'écurie, n'ayant pas de voiture en propre. Le dernier étage comportait les chambres des domestiques et les greniers.

La fontaine
dans le
jardin de
Hauteville
House

Le jardin s'ornait d'une fontaine en forme de vase. Achetée en août 1847 par Victor Hugo, elle suivit le poète en exil. On peut encore la voir à Guernesey dans le jardin de Hauteville House. *Cette fontaine a eu une étrange destinée. Jadis elle se mirait dans un bassin d'eau vive où des tritons et des néréides baignaient leur croupe de marbre, au milieu d'un beau jardin de la place Royale [...]. Aujourd'hui, elle est fixée en pleine terre étrangère, sur un soubassement de granit fruste, d'où elle domine la mer. [...] Monument du passé pleurant sans cesse sur le présent, elle a pour puits perdu l'Océan et pour réservoir la tempête[3].*

Les modifications réalisées à partir de 1860, le nombre limité d'objets et de souvenirs rendent difficile tout essai de reconstitution. Nous disposons cependant de documents qui permettent d'avoir une idée assez précise des lieux. Le mémoire (toujours conservé au musée) établi par le frotteur employé par Victor Hugo, *Guigon aîné demeurant rue des Tournelles 24*, justifie en détail l'activité de ce dernier entre novembre 1836 et avril 1844. Chargé d'encaustiquer et d'entretenir les sols et les parquets de l'appartement, Guigon s'occupait également de la dépose, de la garde et du battage des tapis durant l'été, de l'entretien des meubles et accomplissait toutes les tâches d'un tapissier, telles que la pose des rideaux, l'installation des tentures et des tapisseries, l'accrochage des cadres et des tableaux... Son mémoire émaillé de mentions sur la vie de la famille apporte de précieuses indications sur le cadre de vie. Viennent s'ajouter les comptes de Victor Hugo et d'Adèle, les factures émanant de leurs fournisseurs et les mémoires de travaux de peinture, de menuiserie, de tapisserie, de serrurerie, voire les notes du fumiste ou du plombier.

Les témoignages des contemporains apportent en outre de précieuses indications sur la disposition des pièces et leur ameublement. On peut citer la relation que Vassili Petrovitch Botkine fit de sa visite chez Victor Hugo le 27 juillet 1835[4], celle de Gustave Masson en 1839[5] ou celle d'Eugène Woestyn en 1846[6].

L'appartement devait avoir une superficie d'environ 280 m^2. L'étude des documents d'archives permet d'avancer ici l'hypothèse selon laquelle la cuisine, à une fenêtre sur la cour, se trouvait à l'emplacement d'une partie de l'escalier actuel du musée qui l'aurait englobée par la suite. L'escalier de l'hôtel, à l'époque, se serait donc trouvé décalé vers l'actuel n° 6 bis. Cette hypothèse paraît s'imposer d'après le nombre de fenêtres de l'appartement sur la cour. Elle expliquerait par ailleurs la présence insolite des fausses ouvertures actuellement visibles dans la cage de l'escalier du musée qui correspondraient, l'une à la porte d'entrée de l'appartement, l'autre à la porte entre l'antichambre et la cuisine.

Les lieux occupés par le poète portaient son empreinte. C'était une accumulation de tableaux et de cadres, parmi lesquels des dessins de L. Boulanger, de C. Nanteuil, des Devéria, de panneaux recouverts de tapisseries, de tentures dans lesquelles le damas rouge tenait une place prépondérante. Le mémoire de Guigon note avec insistance les idées arrêtées et l'ingérence de Victor Hugo dans ce domaine. La prédilection du poète pour les antiquités devait faire dire à Eugène de Mirecourt, familier de la place Royale : *Victor Hugo est le premier qui nous ait rendu le goût des beaux ameublements historiques*[7].

Les fenêtres à jalousies avaient des rideaux du même tissu et des rideaux de mousseline blanche. La pièce comptait un grand nombre de tentures et de tapisseries : une portière de damas rouge sur les deux battants de la porte de la salle à manger des cuirs ; une portière de soie à motifs chinois recouvrant une grande porte d'armoire, entre la cheminée et la fenêtre gauche ; une grande tenture à fond rouge brochée de soie et d'or sur une porte d'armoire à gauche de la cheminée ; *une tenture soies fond bleu clair et broder en soies très fragile*[9] sur la porte menant au couloir. Au mur, une tapisserie. Sur le mur du fond, la cheminée elle-même était enveloppée d'une tapisserie garnie de clous dorés. Le mobilier de cette pièce comportait des consoles dorées, un divan de bois sculpté et un grand canapé doré surmonté d'*un baldaquin tapisserie soie et doubler de damas soie rouge* dont le fond était constitué par une étoffe rouge prise en 1830 à la casbah du dey d'Alger et offerte à Victor Hugo par le lieutenant d'artillerie Eblé, ancien condisciple du poète à Louis-Le-Grand. Cette pièce est exposée dans l'escalier du musée. C'est avec ironie que Théophile Gautier parlait du *dais du dey*. Une légende, totalement infondée mais très répandue, voulait que Victor Hugo prît place sous ce dais.

Un piédestal garni de damas de soie rouge à clous dorés supportait le buste en marbre du poète par David d'Angers, au-dessus duquel était accroché le portrait de Mme Hugo par Louis Boulanger. Le portrait de Victor Hugo et de son fils François-Victor par Auguste de Châtillon figurait dans le salon, de même que le portrait en pied du général Hugo et celui de Léopoldine par Edouard Dubufe. Le 4 juillet 1837, on livra place Royale un tableau de Saint-Evre représentant *Inez de Castro*, offert par le duc et la duchesse d'Orléans à Victor Hugo, au moment de la publication des *Voix intérieures*, peu après la fête donnée le 10 juin 1837 par le roi à Versailles pour l'inauguration du musée historique consacré à toutes les gloires de la France. Victor Hugo avait été présenté à la duchesse d'Orléans. Une facture garde la trace de l'installation du tableau dans le salon[10]. L'œuvre se trouve aujourd'hui à Hauteville House dans le billard. Le 21 janvier 1838, le poète donna en remerciement une fête place Royale.

> On voyait partout les marques d'une passion pour l'architecture du Moyen Age. Au mur pendaient de beaux dessins représentant la cathédrale d'Anvers, une vue éloignée du clocher de Strasbourg, une vue partielle de Paris avec la tour gothique Saint-Jacques de la Boucherie...[11].

Jusqu'en novembre 1840, la pièce à deux croisées donnant sur la cour (n° 3), occupant une partie de l'actuel salon rouge, servit de salle à manger. Là se trouvait, avant l'arrivée de la famille Hugo, une partie de la cuisine. A partir de novembre 1840, Mme Hugo s'y installa avec Adèle, laissant à Léopoldine la chambre qu'elle avait jusqu'alors occupée. La cheminée avait été recouverte par Victor Hugo de carreaux de faïence historiés passés de mode à cette époque et difficiles à trouver. Le lit de Mme Hugo, garni d'un ciel, comportait des rideaux de mousseline blanche. Adèle disposait d'un sofa placé entre les deux fenêtres. Le mobilier se complétait d'une table de toilette verte et d'un miroir. Il est également question d'*un rideaux soies rouge et vert à colone pour servir de paravent*[12] et d'un dessus de cheminée.

La nouvelle chambre de Léopoldine (n° 6), à une croisée sur la cour et une cheminée, avait une surface de 18 m². Des rideaux de mousseline blanche garnissaient la fenêtre et le lit. Léopoldine en 1840 avait emporté avec elle sa table à écrire et son piano. Après le mariage de sa sœur aînée, Adèle disposa de cette chambre.

Nous savons peu de choses sur la pièce voisine (n °7), à une croisée sur la cour, chambre de Léopoldine attribuée à ses frères à partir de novembre 1840. Elle communiquait, semble-t-il, avec un cabinet (n° 8). Le sol était en carreaux et en parquet.

Au fond de l'appartement, se trouvaient le cabinet de travail de Victor Hugo (n° 9), à deux fenêtres sur la cour, et sa chambre (n° 10), à une fenêtre, comportant une issue sur un petit escalier[13]. Le sol, revêtu de tapis, était respectivement en carreaux bruns et en parquet ; les rideaux de couleur vert et or. Des vitraux anciens historiés éclairaient le cabinet. Une grande tapisserie servait d'alcôve au lit du poète. Du damas recouvrait les portes du cabinet et une tenture du même tissu, rouge, garnissait la chambre. En 1838, un tableau encadré de damas fut ajusté au plafond de cette pièce. Il s'agissait sans doute du *Moine rouge*, œuvre d'Auguste de Châtillon représentant un moine vêtu d'une flamboyante robe rouge, lisant la Bible, couché auprès d'une femme nue. Dans le cabinet de travail, une glace historiée en bois sculpté surmontait un divan à coussins recouvert de damas vert. Ces deux pièces contenaient des glaces, de nombreux objets précieux, vases et livres évoqués dans le poème *A des oiseaux envolés* (*Les Voix intérieures* XXII). Sur une table du cabinet de travail, parmi les livres et les papiers, était posée la boussole de Christophe Colomb portant la date *1489* et l'inscription *La Pinta*. Victor Hugo ayant l'habitude d'écrire debout disposait d'une table haute.

Un long corridor percé de fenêtres (n° 5) desservait toutes ces pièces.

La cuisine enfin (n° 11), objet de certaines modifications qui restent un peu obscures, avait une croisée. Le sol était en pierre de liais. La pièce comportait une cheminée.

Cette demeure, que Victor Hugo conserva jusqu'en juillet 1848, était la cinquième depuis son mariage avec Adèle Foucher, en octobre 1822. Le poète, qui déménagea maintes fois durant son existence, fit ici son plus long séjour. A ces seize années, qui se situent entre deux émeutes populaires, s'attachent d'innombrables souvenirs liés à la vie familiale et privée, mondaine, littéraire, politique.

Victor Hugo fut particulièrement attaché à ce lieu privilégié. Dans une lettre collective adressée le 6 juillet 1833 à Louise Bertin, il écrit : *J'ai toujours les yeux bien malades, et ils s'accommodent comme ils peuvent de cette même place où il y a plus de briques rouges que de feuilles vertes. Elle est belle malgré cela, et je l'aime.*

En 1838, il protesta vigoureusement, au sein du Comité des arts et monuments, contre le projet de destruction des grilles de la place Royale posées en 1682. Malgré ses interventions, elles furent remplacées en 1839. Dans le récit qu'il fait de l'insurrection tentée par Barbès et Blanqui les 12 et 13 mai 1839, Hugo note : *J'entends un garde national regretter la grille qu'on vient de démolir si stupidement, et dont les tronçons sont encore, en ce moment, gisants sur le pavé. (Choses vues)*

La présence de Victor Hugo place Royale suscita des commentaires variés parmi lesquels la caricature de Daumier vient prendre place. Une parodie des *Burgraves*, écrite en 1843 et dont l'action se déroule en partie au n° 6 de la place Royale, fait dire à l'un des personnages :

Moi, je sais que ce burg, où maintenant nous sommes,
Rôti sur un Marais pour de bons gentilshommes,
Fut habité longtemps, puis ensuite quitté
Par la cour ; - puis enfin l'oubli, la vétusté
L'effaçaient, - quand un jour le maître, ce colosse,
- Ne trouvant que ce toit assez haut pour la bosse
De son front, - sur ces murs roses quoique noircis
Fit luire pour jamais le grand numéro six[14].

Il est aisé d'imaginer la vie quotidienne de Victor, d'Adèle et de leurs quatre enfants, Léopoldine, Charles, Victor[15] et Adèle (respectivement nés en 1824, 1826, 1828 et 1830). A une abondante correspondance, parmi laquelle il

Honoré Daumier
*Locataires et
Propriétaires :*
*«Ce logement est
un peu cher, pour
la place Royale...
- Un peu cher... un
peu cher... mais
je vous ai déjà dit
que de cette
fenêtre vous
pouvez voir deux
ou trois fois par
semaine, se lever
Victor Hugo ! ...»*

faut citer les lettres de Léopoldine, viennent s'ajouter les comptes du ménage Hugo et de très nombreuses factures. Ces documents fort détaillés fournissent maints renseignements sur le train de vie, les habitudes et les achats effectués.

Les écrits de certains proches font revivre l'intimité familiale. Lisons le journal d'Antoine Fontaney, à la date du 13 mars 1834 : [...] *Victor s'en va dans la salle à manger préparer une surprise à ses enfants. Il leur met à chacun sur la table un joujou, un gâteau, des bonbons et puis, au milieu, sous un mouchoir, le joli joujou du Chinois qui rit. Joie universelle*[16].

Balzac écrit le 9 avril 1843 à Mme Hanska : *J'ai dîné hier à la place Royale. La seconde fille de Hugo est la plus grande beauté que j'aurai vu[e] de ma vie*[17].

Les enfants grandirent dans ces lieux. Charles et Victor étaient internes non loin de là, à la pension Jauffret. Léopoldine était demi-pensionnaire à l'*Externat de Jeunes Demoiselles*, 16, place Royale, jusqu'en 1838 date à partir de laquelle elle suivit des leçons particulières à domicile.

Le 15 février 1843, son mariage avec Charles Vacquerie, frère d'Auguste, célébré dans l'intimité, réunit un dîner de famille place Royale. Et ce fut dans ces lieux que quelques mois plus tard le poète vécut le drame de Villequier.

A cette demeure s'attache également le souvenir du voisinage de Juliette Drouet rencontrée au début de 1833. En 1836, celle-ci s'installa rue Saint-Anastase. Une lettre adressée à Victor Hugo le 13 août 1833 dit sa tristesse après avoir visité l'appartement du poète : *Savez-vous que vous êtes bien charmant*

de m'avoir ouvert les portes de chez vous, c'était plus que de la curio-
sité satisfaite pour moi et je vous remercie de m'avoir fait connaître
l'endroit où vous vivez, où vous aimez et où vous pensez. Mais, pour
être sincère avec vous, mon cher adoré, je vous dirai que j'ai rapporté
de cette visite une tristesse et un découragement affreux. Je sens bien
plus qu'avant combien je suis séparée de vous et à quel point je vous
suis étrangère.

Le salon de la place Royale réunit toutes les célébrités
de l'époque. Ecoutons les témoins du temps :

*Aux anciens habitués de la rue Notre-Dame-des-Champs [...]
étaient venus se joindre, dans le cénacle de la place Royale, une mul-
titude de nouveaux amis. Toute la jeune littérature accourait rendre
hommage à celui qu'elle acceptait pour chef*[18].

*Souvent je me reporte aux années de bonheur et de gloire,
au temps où Victor Hugo habitait ce bel appartement de la place
Royale, tout rempli de souvenirs historiques, où nous passions de si
douces soirées*[19].

*En été surtout, c'était ravissant ; la grande porte de l'apparte-
ment restait ouverte ; le parfum des fleurs et des feuillages entrait par
les fenêtres, et la soirée avait lieu sur la place Royale en même temps
que dans les salons [...]*[20].

*Toute la littérature, toute l'éloquence, toute la politique ont
défilé là. Tout ce qui a été une lumière, une étincelle, un ver-luisant,
sous le gouvernement de Juillet a jeté son éclat, ou perdu son phos-
phore dans ce salon*[21].

Victor Hugo reçut Théophile Gautier, Musset, Balzac,
Vigny, Gérard de Nerval, Lamartine, Sainte-Beuve, Dumas,
Mérimée, Béranger, Charles Nodier, Alphonse Karr, Delphine
de Girardin, Berlioz, Liszt, Rossini, les frères Devéria, Célestin
Nanteuil, Louis Boulanger, Tony Johannot, Auguste de
Châtillon, Chassériau, David d'Angers, Jehan du Seigneur...

Durant cette période, il connut l'interdiction du *Roi
s'amuse* (1832) et écrivit plusieurs grands drames, *Marie*

Tudor (1833), *Angelo, tyran de Padoue* (1835), *Ruy Blas* (1838), *Les Burgraves* (1843), ainsi que *Claude Gueux* (1834), *Les Chants du crépuscule* (1835), *Les Voix intérieures* (1837), *Les Rayons et les Ombres* (1840), *Le Rhin*, une grande partie des *Misérables* d'abord intitulés *Les Misères*, le début de *La Légende des siècles* et *des Contemplations*.

En 1841, après quatre échecs (en 1836, 1839 et 1840), le poète entra à l'Académie française où il succéda à Népomucène Lemercier.

Cela lui ouvrit les portes d'une carrière politique. Le 13 avril 1845, Louis-Philippe nomma Victor Hugo pair de France. Au moment des journées de février 1848, par fidélité à son serment de pair, Victor Hugo harangua le peuple en vain place Royale et place de la Bastille en faveur de la régence de la duchesse d'Orléans. Le 2 mars, il intervint à l'occasion de la plantation d'un arbre de la Liberté, place des Vosges.

Herman Vogel
Réception de Victor Hugo à l'Académie française le 3 juin 1841

Elu député de Paris en juin 1848, Victor Hugo prononça le 20 juin à la Constituante son premier discours sur la réforme des ateliers nationaux. Le 24 juin, la révolte des ouvriers n'épargna pas la place Royale. Victor Hugo raconte dans *Choses vues* que, de retour à l'Assemblée après une visite à la barricade de la place Baudoyer, un représentant, M. Belley, vint lui dire que la maison de la place Royale avait été incendiée. Sa famille se trouvait à l'abri chez le fumiste Martignoni[22].

Il s'agissait fort heureusement d'une fausse nouvelle. Mais l'appartement de l'ancien pair de France avait été envahi. L'épisode devait être, longtemps après, narré en détail par Victor Hugo lui-même. Les insurgés pénétrèrent par l'impasse Guéménée. *En entrant dans la cour, un d'eux cria : «C'est ici la maison du pair de France !» Alors ce bruit se répandit dans toute la place chez les habitants effarés : Ils vont piller le n° 6 !*

Ils entrèrent dans l'appartement désert et parvinrent dans le cabinet de travail du poète. *Tout y était épars, dans le tranquille désordre du travail commencé.*

Le récit, postérieur aux événements, insiste sur la délicatesse et le silence des insurgés respectueux de la propriété du pair de France. *Quand ils furent partis, quand l'appartement fut vide, on constata que ces pieds nus n'avaient rien insulté et que ces mains noires de poudre n'avaient touché à rien. Pas un objet précieux ne manquait, pas un papier n'avait été dérangé.* (Actes et Paroles - Depuis l'exil)

Cette version des faits corrobore ce que Victor Hugo écrivait le 3 juillet 1848 à Alphonse Karr : *Vous avez su par les journaux, mon cher ami, l'invasion de ma maison par les insurgés, je leur dois cette justice et je la leur rends volontiers, qu'ils ont tout respecté chez moi : ils en sont sortis comme ils y étaient entrés. Seulement un dossier de pétitions qui était sur une table dans mon cabinet a disparu [...].*

Herman Vogel
Victor Hugo
plantant
l'arbre de la
Liberté place
Royale
le 2 mars 1848

Il n'en reste pas moins que ces journées furent très violentes. Le 25 juin, Hugo notait : *Quatorze balles ont frappé ma porte cochère, onze en dehors, trois en dedans. Un soldat de la ligne a été atteint mortellement dans ma cour. On voit encore la traînée de sang sur les pavés.* (Choses vues)

Traumatisée par tous ces épisodes, la famille quitta la place Royale dès le 1er juillet 1848 pour s'installer 5, rue de l'Isly, puis en octobre de la même année 37, rue de la Tour-d'Auvergne.

Frédéric-
Théodore Lix
Envahissement
de l'appartement
de Victor
Hugo par les
émeutiers
le 24 juin 1848

1. La place appelée *Royale* dès sa création fut à plusieurs reprises débaptisée. Devenue *place des Fédérés* puis *place de l'Indivisibilité* sous la Révolution, elle prit le nom de *place des Vosges* en 1800 pour honorer le département qui s'était le premier acquitté de ses impôts. Elle redevint *place Royale* sous la Restauration, puis *place des Vosges* en 1848, de nouveau *place Royale* sous le second Empire pour reprendre en 1872 le nom de *place des Vosges* qu'elle a gardé depuis.

2. Lettre conservée à la Maison de Victor Hugo.

3. F.-V. HUGO, «Le Marais et la Place Royale», *Paris Guide par les principaux écrivains et artistes de la France*, 2e partie, Paris, 1867, p. 1321-1337

4. V.-P. BOTKINE, *Un Russe à Paris*, cité dans «V.-P. Botkine chez Victor Hugo», *Revue de litterature comparée*, t. 154, avril-juin 1965, p. 287-290.

5. «Victor Hugo à la place Royale», *L'Amateur d'autographes*, 15 juillet 1903.

6. L. ARNOULD, «Une soirée chez Victor Hugo le 27 septembre 1846», *Les Annales Romantiques*, t. III, Genève, 1967, p. 149-177.

7. E. de MIRECOURT, *Victor Hugo*, Paris, 1856, p. 25.

8. Mémoire de Guigon.

9. *Ibid.*

10. Mémoire du tapissier Preux, 1837 et 1838. Maison de Victor Hugo.

11. V.P. BOTKINE, *op. cit.*

12. Mémoire de Guigon.

13. Cette distribution des lieux contredit certains témoignages qui situent le cabinet de travail du poète au fond de l'appartement. Notre hypothèse s'appuie sur l'examen du mémoire du frotteur Guigon.

14. *Les Barbus-graves. Parodie des Burgraves de M. Victor Hugo*, par M. Paul ZERO, 1843.

15. Ce n'est qu'en 1849, lorsqu'il collabora à *L'Evénement*, que Victor adopta le prénom de François-Victor afin de se distinguer de son père.

16. A. FONTANEY, *Journal intime*, Paris, 1925.

17. H. de BALZAC, *Lettres à Madame Hanska*, 1832-1844, Paris, 1990.

18. E. de MIRECOURT, *op. cit.*

19. Th. Pavie, cité par A. PAVIE, *Médaillons romantiques*, Paris, 1909, p. 58.

20. Th. de BANVILLE, *Mes souvenirs*, Paris, 1882.

21. L. ULBACH, *Nos contemporains*, Paris, 1883.

22. La Maison de Victor Hugo conserve quelques factures de Martignoni fumiste, installé 10, place Royale, qui travailla dans l'appartement.

Le deuxième étage du musée, entièrement réaménagé en 1983, ne peut donner qu'une idée approximative de l'appartement occupé par Victor Hugo. Comme nous l'avons vu, le plan initial a été totalement modifié. Par ailleurs ne sont parvenus jusqu'à nous que fort peu de souvenirs attachés à cette époque.

Les biens du poète, réfugié à Bruxelles depuis le 12 décembre 1851, firent en effet les 8 et 9 juin 1852 l'objet d'une vente aux enchères, organisée dans l'appartement du 37, rue de la Tour-d'Auvergne. Craignant la confiscation par le régime politique, Victor Hugo avait arrêté les dispositions de cette vente avec Adèle. L'événement, auquel Théophile Gautier et Jules Janin, par fidélité au proscrit, donnèrent un retentissement dans la presse, attira une foule nombreuse mais les enchères ne rapportèrent que 14 000 F. Théophile Gautier concluait son article publié dans *La Presse* le 7 juin 1852 en ces termes : *Espérons que les nombreux admirateurs du poète s'empresseront à cette triste vente qu'ils auraient dû empêcher, en achetant par souscription le mobilier et la maison qui le renferme, pour les rendre plus tard à leur maître ou à la France s'il ne doit pas revenir. En tout cas qu'ils songent que ce ne sont pas des meubles qu'ils achètent, mais des reliques.*

Certains objets et souvenirs exclus de la vente prirent le chemin de l'exil. D'autres furent achetés par des amis, Paul Meurice en particulier qui seconda beaucoup Adèle Hugo durant cette période. Le catalogue de cette vente, énumération imprécise de meubles et d'objets dont une partie se trouvait place Royale avant d'être transportée rue de la Tour-d'Auvergne, ne permet que peu de rapprochements avec des objets connus ou susceptibles de réapparaître et son étude reste infructueuse. La récente acquisition par le musée d'une écritoire ayant appartenu à Victor Hugo (présentée dans la salle II), authentifiée par un certificat de l'expert de la vente de 1852, représente dans ce contexte un événement exceptionnel.

Le parti adopté dans la présentation des salles a permis par une approche chronologique de rendre sensible l'époque de la place Royale.

La première salle évoque la famille, ancêtres et parents de Victor Hugo, son enfance et sa jeunesse, ses fiançailles et son mariage avec Adèle Foucher, et la naissance de leurs enfants jusqu'à l'époque de leur installation place Royale.

Les grands-parents maternels de Victor Hugo étaient originaires de la région nantaise : Jean-François Trébuchet (1731-1783), capitaine au long cours qui prit part au commerce des esclaves, représenté ici tenant un octant, et sa femme, Renée-Louise née Le Normand (1748-1780). Une de leurs filles, Sophie, née en 1772, épousa en 1797 Léopold Hugo.

Ce dernier (1773-1828), de souche lorraine, républicain dans l'âme, avait été envoyé par la Convention réprimer le mouvement vendéen. Il est représenté ici par plusieurs portraits notamment par celui de Julie Duvidal de Montferrier où, en tenue de général, il est accompagné de ses frères Louis et François et de son fils Abel, frère aîné de Victor Hugo. Les deux coffres de voyage exposés ici lui ont selon toute vraisemblance

Anonyme
Sophie Trébuchet

VICTOR HUGO

Achille Devéria
Victor Hugo
en 1829

appartenu. Recouverts de cuir, ils sont garnis de clous qui forment sur l'un la date de *1684* et sur l'autre celle de *1731*.

De l'union de Léopold Hugo et de Sophie Trébuchet naquirent trois fils : Abel le 15 novembre 1798, Eugène le 16 septembre 1800 et Victor né le 26 février 1802 à Besançon où son père avait été envoyé en garnison (Hubert Clerget. *Maison natale de Victor Hugo à Besançon*).

L'enfance de Victor Hugo fut marquée par le souvenir du jardin des Feuillantines, maison occupée par Sophie, séparée de son mari, et ses enfants entre 1809 et 1813.

J'eus dans ma blonde enfance, hélas ! trop éphémère,
Trois maîtres : - un jardin, un vieux prêtre et ma mère.

Le jardin était grand, profond, mystérieux,
Fermé par de hauts murs aux regards curieux,
Semé de fleurs s'ouvrant ainsi que des paupières,
Et d'insectes vermeils qui couraient sur les pierres ;
Plein de bourdonnements et de confuses voix ;
Au milieu, presque un champ, dans le fond, presque un bois.
(*Les Rayons et les Ombres*, XIX)

En mars 1811, les enfants et leur mère quittèrent Paris pour se rendre à Madrid auprès de Léopold Hugo devenu général. Le voyage, en convoi, dans un grand carrosse protégé par une escorte rendue nécessaire par l'insécurité des routes, restera gravé dans la mémoire de Victor Hugo (Jules Garnier. *Le Voyage en Espagne*). A Madrid, Eugène et Victor furent mis en pension au collège des Nobles durant quelques mois, avant de regagner Paris avec leur mère laissant Abel auprès de son père.

Achille Devéria
Adèle Hugo
Vers 1824

Achille Devéria
Adèle Hugo
Vers 1827

Ces années furent également pour le jeune poète marquées par son amour naissant pour Adèle Foucher, amie d'enfance, fille de Pierre Foucher, chef du bureau de recrutement au
ministère de la Guerre (*Portrait de Pierre Foucher* par Auguste de
Châtillon, 1836 ; *Portrait de Mme Foucher* (1779-1827) par
Achille Devéria). Adèle, douée pour le dessin, exerça ses talents
dès 1820 dans le portrait de Victor et son autoportrait.

En 1822, Victor Hugo fit un séjour à Gentilly, où les
Foucher avaient loué une maison pour l'été. Le dessin de Louis
Boulanger garde le souvenir de ce lieu, où Victor, désormais
fiancé avec Adèle, occupait un colombier. En bas, deux vers
autographes :

Vallon ! j'ai bien souvent laissé dans ta prairie,
Comme une eau murmurante, errer ma rêverie ;
(*Odes*, V, X)

accompagnés d'une mention également autographe :

Ce dessin représente la tour que j'habitais en 1822 et 1823, près du
clocher de Gentilly, et m'a été donné par Boulanger, le jour de ma
fête, 21 juillet 1832.

Le mariage fut célébré le 12 octobre 1822 à l'église Saint-Sulpice. Victor et Adèle vécurent chez les Foucher, à l'hôtel de Toulouse, hôtel du conseil de guerre, rue du Cherche-Midi (dessin de L. Le Rivercad) jusqu'en juin 1824, date à laquelle ils s'installèrent rue de Vaugirard où naquirent Léopoldine et Charles. En avril 1827, ils déménagèrent pour une maison entourée d'un jardin, rue Notre-Dame-des-Champs (dessin de Jean Corabeuf). Cette maison, disparue à la suite du percement du boulevard Raspail, accueillit le cénacle romantique en particulier Sainte-Beuve, Eugène et Achille Devéria, Louis Boulanger qui habitaient la même rue. C'est là que naquit Victor, deuxième fils de Victor Hugo. Congédiée par le propriétaire à la suite de l'agitation provoquée par les représentations d'*Hernani*, la famille alla s'installer en mai 1830 rue Jean Goujon où Adèle naquit peu de temps plus tard, puis place Royale. Les dessins des frères Devéria, dont Victor Hugo avait fait la connaissance en décembre 1824, et de Louis Boulanger, présentés dans cette salle, nous font pénétrer dans l'intimité familiale du poète entouré de sa femme et de ses jeunes enfants peu avant leur arrivée en ces lieux.

Dans cette salle se trouve en outre le portrait peint par le baron Gérard d'une de ses élèves Julie Duvidal de Montferrier. Cette dernière, qui avait donné des leçons de dessin à Adèle Foucher, épousa en 1827 Abel Hugo.

On remarque enfin des caricatures de Paul Foucher, frère cadet d'Adèle et ami de Victor, par Alfred de Musset son ancien camarade de classe âgé de 18 ans en 1828. Musset avait été introduit dans le cercle romantique. Il a représenté son ami regardant la colonne des théâtres au moment de la représentation d'*Amy Robsart*. C'est sous le nom de son jeune beau-frère que Victor Hugo fit jouer à l'Odéon sa pièce inspirée par *Le Château de Kenilworth* de Walter Scott et dont Delacroix dessina les costumes. L'œuvre connut un échec retentissant lors de l'unique représentation le 13 février 1828.

Anonyme
Jean-François
Trébuchet

Anonyme
Renée-Louise
Trébuchet

Julie Duvidal
de Montferrier
Le Général
Léopold
Hugo avec
deux de ses
frères et son
fils Abel

Louis Boulanger
Gentilly
Vers 1829

La deuxième salle restitue autant qu'il est possible l'atmosphère du salon de la place Royale qui se trouvait à l'emplacement de l'actuel salon chinois. Les murs tendus de damas, les consoles dorées, la glace de Venise évoquent le décor de l'époque ; certaines œuvres présentées ici se trouvaient dans le salon de Victor Hugo notamment le portrait en pied du général Hugo, celui de Mme Hugo par Louis Boulanger (Salon de 1839) et celui de Victor Hugo et de son fils Victor par Auguste de Châtillon (Salon de 1836). La grande potiche à l'arrière-plan rappelle le goût du poète pour la céramique d'Extrême-Orient. Ce tableau orna plus tard le billard de Hauteville House à Guernesey où il est actuellement remplacé par une copie.

Un autre portrait du deuxième fils de Victor Hugo, celui que peignit Charles de Champmartin vers 1834, est exposé dans cette salle.

Le buste du poète sculpté par David d'Angers se trouvait en bonne place dans le salon de la place Royale. Victor Hugo avait rencontré le sculpteur en mai 1827. Il lui dédia une pièce des *Feuilles d'automne* datée du 28 juillet 1828 (*A M. David, statuaire*, VIII) et une pièce datée d'avril 1840 publiée dans *Les Rayons et les Ombres* (*Au statuaire David*, XX). Le buste en marbre, dédicacé et signé par l'artiste, est daté de 1838. Dans une lettre du 21 mai de la même année, conservée à la Maison de Victor Hugo, le poète s'adressait au sculpteur en ces termes : *Sous une forme magnifique, mon ami, c'est l'immortalité que vous m'envoyez. Une pareille dette est de celles dont on ne s'acquitte jamais ; j'essaierai cependant, non de la payer, mais de la reconnaître.*

Le Feu du ciel de Louis Boulanger devait également prendre place dans le salon des Hugo. Dans cette vaste composition contemporaine du recueil, le peintre a illustré le poème des *Orientales*, daté d'octobre 1828, mettant en scène

David d'Angers
Buste de
Victor Hugo
1838

Auguste de
Châtillon
Victor Hugo et
son fils Victor
1836

Louis Boulanger
Adèle Hugo
Salon de
1839

la violence de la colère divine qui provoqua la destruction de Sodome et Gomorrhe. L'amitié qui lia le peintre et Victor Hugo est sensible tant à travers leur correspondance que dans les dédicaces de certains poèmes à l'adresse de Louis Boulanger.

Une place importante est donnée au souvenir de Léopoldine. On connaît le destin tragique de la fille aînée de Victor Hugo qui se noya dans la Seine près de Villequier, à l'âge de 19 ans, avec son mari Charles Vacquerie, le 4 septembre 1843, quelques mois seulement après leur mariage. Louis Boulanger l'a représentée à l'âge de quatre ans. Plusieurs des dessins de Mme Hugo s'attachent à elle. Sur l'un deux, chaque enfant est désigné par son surnom : *Didine, Charlot, Toto, Dédé*. Ces deux derniers portraits, signés, portent la date de *1833*.

Le dessin de Mme Hugo représentant sa fille lisant, signé et daté d'*avril 1837*, est accompagné d'un petit échantillon de la robe qu'elle porte sur le tableau d'Auguste de Châtillon, *Léopoldine au livre d'heures*. Victor Hugo plaça plus tard ce morceau d'étoffe en écrivant *Robe de Didine. 1834. V.H.* ainsi que les deux vers :
Oh ! la belle petite robe
Qu'elle avait, vous rappelez-vous ?
(*Les Contemplations*, IV, VI)

Le poète a lui-même encadré l'ensemble dans ce velours rouge à décor clouté dont on connaît plusieurs exemples et que l'on retrouve autour du portrait de Léopoldine par Edouard Dubufe. Cette dernière œuvre figurait, elle aussi, dans le salon de la place Royale.

Auguste de Châtillon, ami de la famille, peignit en 1835 le portrait de *Léopoldine au livre d'heures*. Le tableau porte en haut à droite les dates *28 août 1824* (naissance de Léopoldine), *28 août 1835* (date probable de l'achèvement de l'œuvre). La jeune fille tient un livre d'heures ouvert à une page ornée d'une miniature représentant la Dormition de la Vierge. Quelques vers du poème *A des oiseaux envolés* font peut-être allusion à cet ouvrage :

Je vous laisserai même, et gaîment, et sans crainte,
0 prodige ! en vos mains tenir ma bible peinte,
Que vous n'avez touchée encor qu'avec terreur,
Où l'on voit Dieu le père en habit d'empereur !
(*Les Voix intérieures*, XXII)

C'est en 1835 que Léopoldine commença à aller au catéchisme en vue de préparer sa Première Communion qu'elle fit le 8 septembre 1836 dans l'église de Fourqueux, localité où Victor Hugo avait installé sa famille pour l'été, entourée de tous ses proches, de son grand-père Pierre Foucher en particulier, de Théophile Gautier et d'Auguste de Châtillon qui peignit la scène. A droite, on aperçoit Victor Hugo, la tête penchée. Le tableau fut présenté au Salon de 1837. Resté dans la famille, il fut durant l'exil placé dans la chambre de Mme Hugo à Hauteville House et fit partie de la donation que fit en 1927 la famille Hugo de la maison de Guernesey.

On peut encore voir des souvenirs de Léopoldine tels que son châle de cachemire, ses gants de peau accompagnés de leur pochette, son rond de serviette marqué *Didine*, sa petite boîte à onguent et son porte-aiguilles en velours brodé qui rappelle combien les travaux de couture et de broderie faisaient partie de l'éducation de l'époque.

Dans cette salle, plusieurs portraits de Mme Hugo voisinent avec le tableau de Louis Boulanger : son auto-portrait au crayon de graphite et au pastel, le buste en plâtre exécuté par Victor Vilain, daté de 1847.

Adèle Hugo
Léopoldine lisant
1837

Auguste de
Châtillon
*Léopoldine
au livre
d'heures*

Une place est faite au souvenir de Juliette Drouet (1806-1883) rencontrée en février 1833 au moment où, encore actrice, celle-ci tenait le rôle de la princesse Negroni dans *Lucrèce Borgia* au Théâtre de la Porte-Saint-Martin. Un portrait de Victor Hugo peint par Louis Boulanger restitue les traits du poète à l'époque de cette rencontre. On remarque les insignes de chevalier de la Légion d'honneur qui lui avait été décernée en 1825, à l'âge de 23 ans, ainsi qu'à Lamartine, par faveur de Charles X. Le visage de Juliette jeune ne nous est connu que par quelques documents parmi lesquels le tableau de Charles de Champmartin (vers 1827) et la lithographie de Léon Noël (1832).

Il convient de s'arrêter sur le dessin représentant les armes de Victor Hugo, exécuté par le poète à l'encre brune et au crayon de graphite. Le blason qu'il adopta à partir de 1845, date de son élévation à la pairie, se compose à gauche des armes de la famille Hugo de Lorraine de laquelle il pensait descendre, à droite de celles de son père, anobli au rang de comte sous l'Empire à la suite de sa victoire sur un chef de guérilla espagnol, en juillet 1810, à Sigüenza. Le blason, surmonté d'un casque et d'une couronne comtale, se détache sur le manteau de pair de France lui-même surmonté d'une couronne de vicomte. En 1828, à la mort du général Hugo, Abel était devenu comte tandis qu'Eugène prenait le titre de vicomte et Victor celui de baron. En 1837, à la mort de son frère Eugène, le titre de vicomte de ce dernier échut à Victor Hugo.

Dans un angle de la salle, un coffre de bois porte les initiales du second fils du poète, François-Victor. C'est en 1849, collaborant au journal *L'Evénement*, que Victor adopta le prénom de François-Victor afin d'éviter toute confusion avec son père. Cet objet, gravé et peint par Victor Hugo, anticipe sur un aspect de la personnalité du poète, celui de dessinateur et de décorateur. La tradition qui s'y attache veut que Louis Napoléon Bonaparte, venu en octobre 1848 solliciter rue de la Tour-d'Auvergne l'appui de Victor Hugo à la candidature à la présidence de la République, se soit assis sur ce coffre aux côtés de son hôte.

La coiffeuse à décor laqué provient de la chambre de Mme Hugo à Hauteville House.

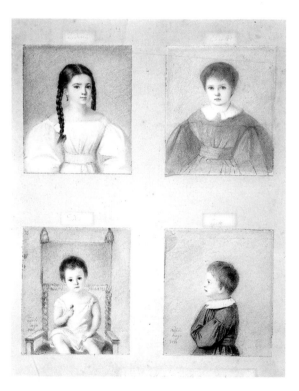

Adèle Hugo
Léopoldine,
Charles,
Victor et
Adèle
1833

SALLES III ET IV

Le salon chinois et la salle suivante introduisent le visiteur dans la période de l'exil.

Rappelons que Victor Hugo, au lendemain du coup d'Etat de Louis Napoléon Bonaparte, quitta la France pour gagner Bruxelles muni d'un faux passeport. Après avoir passé quelques mois en Belgique, il partit pour l'île de Jersey où il arriva le 5 août 1852 et où la famille s'installa jusqu'en octobre 1855, date à laquelle commença le long séjour à Guernesey.

Le 9 novembre 1855, Victor Hugo et les siens élirent domicile au n° 20, rue de Hauteville dans une maison meublée. Le 16 mai 1856, le poète acquit Hauteville House située au n° 38 de la même rue. La famille déménagea en novembre 1856.

Juliette Drouet, qui avait également pris le chemin de l'exil, s'installa quant à elle le 19 décembre 1857 à La Fallue, maison si proche de Hauteville House qu'elle apercevait la fenêtre de Victor Hugo. Elle quitta cette demeure le 15 juin 1864 pour s'installer au n° 20, rue de Hauteville à l'endroit même où les Hugo avaient passé leur première année d'exil.

Anonyme
*Juliette
Drouet*

Salon de
Juliette
Drouet à
Hauteville
Fairy

La nouvelle maison de Juliette, baptisée Hauteville Fairy, avait été achetée pour moitié par Victor Hugo et pour moitié par Juliette Drouet, cette dernière en ayant l'usufruit. C'est pour cette demeure que le poète réalisa le prodigieux décor qui fut remonté place des Vosges à la création du musée.

Comme le montrent les photographies anciennes exposées dans la salle IV, seuls documents révélant l'état d'origine, les panneaux du salon chinois ornaient deux pièces, le salon et la chambre de Juliette Drouet. Il convient bien évidemment de faire la part de toutes les difficultés que comportent l'installation et l'adaptation d'un tel décor à une salle de musée de proportions différentes. Il n'en reste pas moins vrai que l'actuelle présentation, qui respecte à quelques détails près celle de 1903, restitue de manière fort satisfaisante l'atmosphère de l'intérieur de Juliette Drouet et l'esprit de son créateur.

Le goût de Victor Hugo pour la décoration, qui s'exerça sans limites à Hauteville House, et son talent de dessinateur trouvèrent ici un domaine de prédilection. La Bibliothèque nationale conserve un carnet renfermant plusieurs croquis préparatoires à ce travail qui fut gravé et peint par Victor Hugo sur des plaques de bois. On a vu dans la salle précédente un exemple de cette technique mise en œuvre avant l'exil sur le coffre marqué aux initiales de François-Victor Hugo. Elle sera fort employée à Hauteville House.

Les travaux d'installation, le transport de certains éléments de mobilier commencèrent à la fin de juin 1863. La correspondance de Juliette Drouet apporte des précisions sur les étapes du travail accompli par Victor Hugo. Le 13 juillet elle écrit : *Je regrette, mon grand bibeloteur, de n'avoir pas eu le temps de te dire hier combien j'étais éblouie, ravie et attendrie de toutes les belles choses, jolies, charmantes et ingénieuses que tu as*

fait faire dans mon nouveau logis. Puis le 6 août : *J'ai à te remercier, mon bon petit homme, de toutes les belles choses que tu fais pour ma sambre* [sic] *qui sera non seulement étourdissante pour tout le monde, mais vénérable et sacrée comme un temple pour moi, car ta pensée y est partout sous la forme divine de l'art.* [...] *Ceci dit, une fois pour toutes, je reviens à mon admiration pour cette prodigieuse chambre qui est un véritable poème chinois* [...]. Les travaux se poursuivirent durant les mois suivants. Le 9 octobre Victor Hugo note dans son agenda : *je suis allé avec JJ au n° 20 et j'ai indiqué le parti pris de la peinture de sa chambre.* Le 2 mars 1864, Juliette écrit à Victor Hugo : *J'ai été bien privée de ne pouvoir pas sortir avec toi et d'aller voir les ravissants travaux que tu continues à faire chez nous.*

La signature du poète décorateur a été apposée en différents endroits. Les lettres *V H* se détachent bien visibles sur le fond noir qui entoure la cheminée. Elle se retrouvent à la partie inférieure de certains panneaux. Plus stylisées, elles servent d'ornement à l'élément central d'un bandeau, placé sous la corniche, à gauche du passage menant vers la salle IV. Et l'ombre du petit personnage qui, sur une chaise, s'exerce à tenir en équilibre sur les mains dessine non sans humour le *V* et le *H*.

On retrouve également les armes des Hugo de Lorraine et celles du général.

Bien qu'elles soient moins immédiatement décelables, on rencontre des allusions à Juliette. A droite du passage vers la salle IV, sous la corniche, deux panneaux se répondent : *Laetitia* et *Harmonia.* La trompette dont joue l'ange musicien forme les lettres *J D.* L'esprit de la composition rappelle les dessins où Victor Hugo mit son imagination au service de rébus ou d'initiales historiées. Sur le panneau qui surmonte le petit Chinois équilibriste, la panse du vase s'orne d'un *J* et d'un *D.*

Les fleurs tiennent une place importante. Certaines sont agrémentées d'un papillon évoquant le poème *La pauvre fleur disait au papillon céleste...* (*Les Chants du crépuscule*, XXVII).

Plusieurs dessins sont marqués d'une touche d'humour. Une anecdote s'attache à la réalisation du Chinois ventripotent attablé devant un poisson. Suzanne, la cuisinière de Juliette, ayant un jour préparé un plat particulièrement savoureux, Victor Hugo lui dit qu'il lui trouverait un époux. Dans ce but il dessina ce personnage, nommé *Shu-zan* par déformation. Ailleurs, un perroquet est perché sur une fleur, dans un vase ; un Chinois s'endort dans sa barque ; un diable aux yeux rouges se tient assis, les bras croisés, dans une potiche ; le cœur de certaines fleurs est orné d'un oiseau qui prend son essor, d'une figurine, d'une pagode...

La fantaisie de l'artiste se manifeste sur deux petites consoles, placées entre les caissons garnis d'assiettes, qui supportent chacune deux figurines de porcelaine. Le dessin des personnages gravés dont on n'aperçoit que le bas du vêtement se poursuit sur la tablette de bois noir. Le poète a même été jusqu'à décorer certaines parties invisibles des supports placés de part et d'autre de la cheminée.

Des stores chinois, dont l'agenda de Victor Hugo mentionne l'achat en mai 1863, complètent cet ensemble qui tire également parti de l'utilisation de plaques de faïence, comme à Hauteville House dans le décor de la salle à manger. La cheminée richement ornée, au centre de laquelle a été inséré un miroir de Venise, apparaît comme l'élément central de cette réalisation.

En face de celle-ci, au-dessus d'un cabinet chinois, on remarque un miroir dont le cadre orné de fleurs et de papillons a été peint par Victor Hugo. On retrouvera cette technique au premier étage du musée sur le cadre du célèbre *Burg à la Croix*. Dans les angles supérieurs, le poète a apposé ses initiales

rehaussées de peinture dorée. On voit les armes de sa famille sur un jambage du *H*. Tel un trumeau de cheminée, ce miroir est surmonté d'un bandeau de bois où s'inscrit un burg rhénan, signé et daté *Victor Hugo 9bre* (novembre) *1856*. Le poète fit don de ce cadre à Juliette Drouet pour orner la cheminée de sa salle à manger le 7 octobre 1857.

Victor Hugo sut habilement tirer parti de tous ces panneaux qui dissimulent parfois des portes et des placards, attestés par les traces de charnières et de serrures, pour composer une sorte d'écrin destiné à mettre en valeur les nombreuses céramiques garnissant des caissons.

On connaît son goût pour les antiquités et pour la brocante. A l'époque de la place Royale, les contemporains en étaient déjà frappés. A Guernesey, cette prédilection put se donner libre cours. Les assiettes, mêlant des styles fort variés, sont le fruit des recherches menées par le poète qui n'hésitait pas à acquérir des objets en mauvais état. Plusieurs années auparavant, au moment de la vente aux enchères du mobilier de la rue de la Tour-d'Auvergne, Adèle, dans une lettre du 12 juin 1852, lui adressait en vain ce reproche : *Tu as une mauvaise entente du mobilier, parce que tu n'achètes en général que des étoffes usées, des porcelaines écornées, fêlées, cassées, des meubles détraqués. La main-d'œuvre est tout aussi chère pour toi que si tu achetais des objets de véritable valeur ; si tu avais acheté des objets de véritable valeur, ton mobilier aurait été vendu double de ce qu'il t'aurait coûté. [...] cher ami, de grâce, renonce au cassé, au fêlé, au déchiré. Ne crois plus qu'une mince étoffe de Lyon est une soie de Chine.*

L'intérieur de Juliette Drouet, à La Fallue, puis à Hauteville Fairy, comportait en outre un mobilier conçu par Victor Hugo. Le lit de Juliette manque ici mais dans la salle IV se trouvent plusieurs meubles, des bahuts notamment, que l'on voit sur les photographies anciennes de la chambre de Hauteville Fairy. Aux murs deux dessins du poète, sans être en rapport étroit avec le mobilier de cette salle, illustrent la genèse de son travail dans le domaine de l'ameublement. Dès l'époque de son installation à Hauteville House, Victor Hugo acheta de nombreux coffres et éléments de bois sculpté. Il dessinait ensuite des projets de meubles totalement composites dont la réalisation était confiée à un artisan ébéniste guernesiais nommé Mauger, aidé de trois ouvriers. Certaines parties sont d'ailleurs entièrement de leur main.

Le bahut placé à gauche illustre parfaitement ce propos et montre bien comment dans ce domaine Victor Hugo laissait son imagination prendre le pas sur le côté fonctionnel. Le meuble se compose d'un coffre orné de divinités marines, d'une sorte de petit tabernacle et d'un buffet dont les deux tiroirs ont perdu toute utilité. On a placé ici un buste de Victor Hugo en porcelaine exécuté par Louis-Joseph Lebœuf. On aperçoit cette œuvre sur une photographie de Hauteville Fairy exposée dans la salle. Il s'agit d'une copie du buste exécuté par le sculpteur lors d'un séjour à Guernesey en avril et mai 1864.

Le grand meuble garni d'un miroir a lui aussi été réalisé à partir d'éléments très hétérogènes. Les panneaux supérieurs évoquent les stalles sculptées du Moyen Age. Ils encadrent une inscription probablement ajoutée par Victor Hugo dont le sens reste obscur : *20 avril 1843*. On retrouve l'utilisation d'un plat de faïence décoré d'un buste d'homme lauré (Pétrarque ?) en pendant duquel a été inséré un médaillon représentant Victor Hugo, signé et daté *David d'Angers 1828*. Comme à Hauteville Fairy, ce meuble est surmonté des bustes de plâtre de Juliette et de sa fille Claire Pradier, exécutés par Victor Vilain. Claire, née en 1826 et dont le père était le sculpteur James Pradier (1792-1852), mourut en 1846. Victor Hugo l'associa au souvenir de Léopoldine et lui consacra plusieurs poèmes des *Contemplations*.

Le troisième bahut offre des rapprochements avec certains motifs floraux fréquemment utilisés à Hauteville House et qui ont été sculptés par Mauger et ses ouvriers. Sur les panneaux du centre on remarque des éléments qui s'apparentent aux trois plumes, emblème du pays de Galles. Couronnant le meuble, une figure tenant un oiseau et une ancre, et l'inscription *LUX DUX*. Il faut en outre noter la présence des armes de Victor Hugo sur deux de ces meubles.

Un banc a été complété par Victor Hugo de l'inscription *VIVE AMA*. On ne peut qu'évoquer Hauteville House, remplie de devises, souvent latines, que Victor Hugo voulait riches d'enseignement.

Entre les fenêtres, se trouve une table pliante, conçue par le poète. Le panneau de bois, orné d'écoinçons sculptés anciens, bascule pour devenir le plateau de la table tandis que la figure de saint Michel, qui porte la date de *1652*, pivotant grâce à des charnières, se transforme en pied.

La lanterne enfin, garnie d'éléments en forme de bobines, relève de la même inspiration.

SALLE V

Cette salle, consacrée à la photographie, se rattache aux années d'exil durant lesquelles l'entourage du poète se passionna pour cette discipline, d'invention encore très récente.

Le 5 août 1852, Victor Hugo, accompagné de son fils Charles et de Juliette Drouet, débarqua à Jersey où l'accueillirent sa femme, sa fille, Auguste Vacquerie et de nombreux proscrits. Le 16 août, la famille s'installa à Marine-Terrace, large maison badigeonnée de blanc, située au bord de la mer. Victor Hugo l'évoque en ces termes : *A la maison était attenant un jardin d'un quart d'arpent, en plan incliné, entouré de murailles, coupé de degrés de granit et de parapets, sans arbres, nu, où l'on voyait plus de pierres que de feuilles. [...] De la maison on apercevait, à droite, à l'horizon, sur une colline et dans un petit bois, une tour qui passait pour hantée ; à gauche, on voyait le dick. Le dick était une file de grands troncs d'arbres adossés à un mur, plantés debout dans le sable, desséchés, décharnés, avec des nœuds, des ankyloses et des rotules, qui semblait une rangée de tibias. La rêverie, qui accepte volontiers les songes pour se proposer des énigmes, pouvait se demander à quels hommes avaient appartenu ces tibias de trois toises de haut. [...] Un corridor pour entrée, au rez-de-chaussée, une cuisine, une serre et une basse-cour, plus un petit salon ayant vue sur le chemin sans passants et un assez grand cabinet à peine éclairé ; au premier et au second étage, des chambres, propres, froides, meublées sommairement, repeintes à neuf, avec des linceuls blancs aux fenêtres. Tel était ce logis.* (*William Shakespeare*, 1re partie, livre premier, chap. I)

Là se déroulèrent les premières années d'exil. La vie s'organisa. Victor Hugo découvrit l'île, le château de Gros-Nez dont il fit plusieurs dessins, le château de Montorgueil. Charles et François-Victor s'initièrent à la photographie pour laquelle ils se passionnèrent très vite. C'est à eux et à Auguste Vacquerie que l'on doit ces nombreuses épreuves, fruits de longues séances de pose auxquelles Victor Hugo se prêtait volontiers tout comme le reste de la famille, ainsi qu'Auguste

Vacquerie et Paul Meurice qui rendit visite aux exilés. La nature morte au portrait de Victor Hugo témoigne des recherches dans la composition des prises de vues.

Ces photographies nous ont conservé les traits du cercle des proscrits du coup d'Etat qui entourait le poète : le général Le Flô (1804-1887), l'éditeur Pierre-Jules Hetzel (1814-1886) grâce auquel parurent *Napoléon le Petit* en 1852 puis *Châtiments* en 1853, Hennett de Kesler, journaliste et homme de lettres (mort à Guernesey en 1870), Pierre Leroux (1797-1871), Charles Ribeyrolles, journaliste et écrivain (1812-1860) parmi beaucoup d'autres. On comptait également plusieurs exilés hongrois tels le général Lazare Mezzaros, le comte Sandor-Alexandre Teleki et le violoniste Remenyi.

Emile Allix, qui deviendra le médecin de Victor Hugo, et sa sœur Augustine faisaient également partie des proches du poète.

En septembre 1853, Delphine de Girardin, de passage à Jersey pour quelques jours, initia Victor Hugo aux tables tournantes, pratique très en vogue à l'époque. Ces longues séances de spiritisme se poursuivirent pendant deux ans, jusqu'en octobre 1855 et prirent fin à la suite d'une crise de démence d'un participant, Jules Allix, le frère d'Emile et d'Augustine. Les procès-verbaux des tables parlantes livrent d'étranges conversations échangées avec des personnages aussi différents que Jeanne d'Arc, Shakespeare, Machiavel, Rousseau, Marat... et Léopoldine Hugo.

En octobre 1855, *L'Homme*, le journal des proscrits à Jersey imprimé en français à Saint-Hélier et que dirigeait Ribeyrolles, publia la lettre dans laquelle Félix Pyat, républicain français réfugié à Londres, critiquait ouvertement le voyage de la reine Victoria en France. L'ordre d'expulsion ayant été signifié aux proscrits solidaires de cette protestation, Victor Hugo et les siens quittèrent l'île de Jersey le 31 octobre 1855 pour Guernesey.

Atelier de
Jersey
*Marine
Terrace*

Atelier de
Jersey
Victor Hugo

Victor Hugo y demeura jusqu'en août 1870. Quelques photographies exposées dans cette salle évoquent Hauteville House, vaste maison de trois étages, entièrement aménagée par les soins de son propriétaire entre 1856 et 1859.

A gauche de cet ensemble de documents est exposée une photographie sur laquelle Victor Hugo est entouré de sa famille et de quelques amis dans le jardin de Hauteville House. On retrouve ici la fontaine qui ornait le jardin de l'hôtel de Rohan-Guéménée.

Chacun se livrait à ses occupations : Charles écrivait des pièces et des romans, François-Victor avait entrepris la traduction de l'œuvre de Shakespeare qui fut publiée de 1859 à 1866, leur sœur Adèle jouait du piano et rédigeait son journal tandis que leur mère achevait un recueil de souvenirs, *Victor Hugo raconté par un témoin de sa vie*, qui parut en 1863. Cependant Victor Hugo vécut de longues périodes seul dans sa maison. Sa femme faisait de fréquents séjours à Paris et à Bruxelles. En 1861, Charles partit pour Bruxelles où il épousa Alice Lehaene en 1865. François-Victor rejoignit son frère et sa mère en Belgique après la mort de sa fiancée guernesiaise, Emily de Putron, en janvier 1865.

Adèle, la fille du poète, qui s'était éprise du lieutenant Pinson, connut un destin mouvementé et tragique. Le 18 juin 1863, elle quitta Hauteville House où elle ne devait jamais revenir, pour rejoindre Pinson au Canada, à Halifax. Le 17 octobre 1863, *La Gazette de Guernesey* publia la fausse nouvelle de leur mariage. Durant plusieurs années, Adèle, en proie à un profond déséquilibre mental, s'obstina à pourchasser Pinson. De Guernesey, Victor Hugo pourvoyait aux besoins de sa fille. En 1866, Adèle partit pour la Barbade, petite île des Antilles britanniques où le régiment de Pinson avait été muté. Elle y resta quelques années et fut ramenée à Paris en février 1872 pour être placée dans une maison de santé à

Anonyme
Victor Hugo
en famille
dans le
jardin de
Hauteville
House

La table aux
quatre
encriers

Saint-Mandé. Elle ne revit ni sa mère, morte à Bruxelles en
août 1868, ni son frère aîné Charles, mort en mars 1871.
François-Victor mourut en décembre 1873. Adèle survécut à
sa famille et mourut à Suresnes en 1915, âgée de 85 ans.

Aux murs, quatre médaillons de terre cuite, représentant Victor Hugo, sa femme Adèle, Charles et François-Victor,
ont été exécutés par Victor Vilain, en septembre-octobre
1860 lors du séjour que fit le sculpteur à Guernesey.

Devant la fenêtre se trouve la table sur laquelle Victor
Hugo composa *La Légende des siècles*. Le poète l'offrit à
Juliette Drouet le 16 août 1859 et précisa à cette date dans
son agenda : *j'ai donné à JJ. la table de chêne à pieds torses de
mon look out avec cette inscription : - je donne à Mme J.D. cette
table sur laquelle j'ai écrit la légende des siècles. V.H. Guernesey.
16 août 1859.* - Sur le plateau se lit l'inscription, tracée à l'encre
à l'intérieur d'un cartouche.

En 1860, Mme Hugo organisa une vente de charité
destinée à une crèche pour les enfants pauvres de Guernesey.

Elle demanda à Victor Hugo, George Sand, Alexandre Dumas et Alphonse de Lamartine de lui faire don de leur encrier. Lamartine envoya une petite boîte de verre qui avait contenu la poudre facilitant le séchage de l'encre et George Sand ajouta un briquet. Chacun accompagna son envoi d'un autographe :

Je n'ai point choisi cet encrier ; le hasard l'a mis sous ma main, et je m'en suis servi pendant plusieurs mois ; puisqu'on me le demande pour une bonne œuvre, je le donne volontiers.

Victor Hugo

Hauteville house

juin 1860

Chère madame, j'ai cherché depuis deux jours un encrier qui ne m'eût pas été donné par quelque trop chère personne, et je n'ai rien, rien trouvé qu'un affreux petit morceau de bois qui me sert en voyage. Je le trouve si laid que j'y joins un petit briquet de poche, guère plus beau, mais qui me sert habituellement, et comme c'est là ce que vous voulez, au moins votre véracité est bien à couvert.

J'ai été bien heureuse de vous voir et de pouvoir, à présent, vous dire à vous même que je vous aime. Soyez l'interprète de ma gratitude et de mon dévouement auprès de votre illustre compagnon.

George Sand

Je certifie que ceci est l'encrier avec lequel j'ai écrit mes quinze ou vingt derniers volumes

Paris ce 10 avril 1860

A. Dumas

offert par Lamartine au maître de la plume.

Lamartine

Le plateau à tiroirs comportant ces différents objets qui fut alors exécuté ne trouva aucun acquéreur et Victor Hugo fut obligé de l'acheter. En 1903, Paul Meurice fit réaliser l'encadrement et le socle orné de quatre chimères.

SALLE VI

Le 5 septembre 1870, après la défaite de Sedan, Victor Hugo rentra en France après un peu moins de dix-neuf années d'exil. Paris lui réserva un accueil triomphal. Le poète fut d'abord hébergé chez Paul Meurice, 5, avenue Frochot.

L'armistice signé le 28 janvier 1871 permit l'élection d'une assemblée devant siéger à Bordeaux en vue de négocier la paix. Victor Hugo y fut élu député de Paris mais, mécontent de la politique menée, démissionna très rapidement. La mort subite de son fils aîné Charles, à Bordeaux, en mars 1871, l'obligea à rentrer à Paris puis à se rendre à Bruxelles afin de régler la succession. Expulsé par le gouvernement belge pour avoir proclamé sa solidarité avec les communards, le poète se rendit au Luxembourg, où il séjourna quelques temps à Vianden.

Après avoir occupé différents domiciles et avoir à nouveau séjourné près d'un an à Guernesey en 1872-1873, Victor Hugo s'installa en avril 1874 dans un appartement, 21, rue de Clichy. Son salon accueillit d'illustres visiteurs. C'est l'ambiance de cette pièce que la présentation du musée a tenté d'évoquer. Le document exposé ici, publié dans *La Chronique Illustrée* (18 décembre 1875), réunit Schœlcher, Arsène Houssaye, Auguste Vacquerie, Jules Simon, Louis Blanc, Paul de Saint-Victor, Camille Pelletan, Paul Meurice, Théodore de Banville, Léon Gambetta ... A droite, assis entre ces deux derniers, se trouve le député Edouard Lockroy qui devait épouser en avril 1877 Alice, veuve de Charles Hugo. A gauche, cette dernière est entourée de ses deux enfants, Georges et Jeanne. Sur ce document on retrouve le lustre de Murano qui a été replacé dans cette salle. L'éléphant exposé au musée, que l'on peut rapprocher de la maquette de la fontaine de la Bastille dont il est question dans *Les Misérables* (4e partie, VI, II), ne peut qu'évoquer celui du salon de la rue de Clichy. Georges Hugo décrit la pièce en ces termes : *Il y avait là des objets que j'ai toujours connus [...]. D'abord, l'éléphant de bronze chinois qui porte une pagode à trois étages. [...] Puis, les meubles en bois doré, recouverts de tapisseries sur fond blanc et rose, et rangés cérémonieusement en demi-cercle autour de la cheminée ; les tentures à rayures rouge et jaune ; la pendule de Boulle ; enfin, le «pouf» qui s'arrondissait au milieu de la pièce et d'où émergeait, triomphant, le précieux éléphant à la trompe relevée[1].*

En novembre 1878, Victor Hugo s'installa avec Juliette Drouet dans un hôtel particulier, aujourd'hui disparu, donnant sur un jardin, 130, avenue d'Eylau (à l'emplacement de l'actuel n° 124 de l'avenue Victor-Hugo). Il y resta jusqu'à sa mort. Le mobilier, sièges et miroir, présenté ici provient du salon de cet hôtel dont une photographie a gardé le témoignage.

C'est là que, le 27 février 1881, Paris vint rendre hommage au poète qui entrait dans sa quatre-vingtième année. A l'occasion de cet événement dont le retentissement fut considérable, on donna, fait exceptionnel, le nom de Victor Hugo encore vivant à la partie de l'avenue où se trouvait sa demeure. En mai 1885, le nom fut étendu à la partie de l'avenue allant jusqu'à l'Arc de triomphe.

Alice, remariée, et ses enfants, Georges (1868-1925) et Jeanne (1869-1941), occupaient l'hôtel voisin. Leur place dans la vie de Victor Hugo n'avait fait que croître depuis la mort de Charles, puis de François-Victor en 1873.

En 1877 fut publié le recueil de poèmes *L'Art d'être grand-père*. A gauche du tableau de Charles Voillemot, peint en 1879, un montage réunit plusieurs photographies autour d'un portrait tardif de Victor Hugo : Charles Hugo et Adèle sa mère en haut, Jeanne et Georges au centre, puis Charles, Alice, Victor Hugo avec ses petits-enfants. En 1879, Léon Bonnat peignit le portrait de Victor Hugo dont il exécuta une copie, exposée ici, à la demande de Paul Meurice. Le poète, assis de face, s'appuie du bras gauche sur un exemplaire d'Homère posé sur une table.

Arsène Garnier
*Victor Hugo
et ses petits-
enfants*

Dans cette salle est également exposé un miroir dont le cadre s'inscrit dans les compositions décoratives, fruits de l'imagination fertile du poète. Orné d'oiseaux et de fleurs, il a été exécuté à Guernesey, peu avant le retour en France. On peut encore y lire ces vers, destinés à Georges :

Passereaux et rouges-gorges
Venez des airs et des eaux,
Venez tous faire vos orges,
Messieurs les petits oiseaux,
Chez Monsieur le petit Georges.

En bas, à gauche, la mention :

Dessiné le 11 mai 1870 pendant qu'on me juge et condamne à Paris. V.H.

Après son retour d'exil, Victor Hugo refit trois séjours à Guernesey, en 1872-1873, durant une semaine en 1875 et quelques mois en 1878. De ce séjour date la photographie du poète assis dans le salon rouge.

Il fut également reçu à plusieurs reprises en Normandie, à Veules-les-Roses chez Paul Meurice. Le futur fondateur du musée de la place des Vosges y avait fait construire au bord de la mer une maison et un pavillon dans lequel Victor Hugo disposait d'une chambre et d'un cabinet de travail. Auguste Vacquerie était lui aussi régulièrement invité. Deux photographies exposées dans cette salle furent prises par André Quinet en septembre 1882.

Léon Bonnat
Victor Hugo
1879

Toutes ces années furent marquées par la présence et la fidélité de Juliette Drouet. Elle s'était installée dans l'hôtel de l'avenue d'Eylau où elle s'éteignit le 11 mai 1883. Jules Bastien-Lepage l'a représentée, peu de temps avant sa mort, amaigrie et affaiblie par la maladie qui devait l'emporter. Georges Hugo évoque son souvenir : *J'ai mieux connu, plus tard, cette pâle figure aux soyeux bandeaux blancs, figure douce comme celle d'une madone de Luini qui serait vieille. Elle laissait, en marchant à petits pas, un léger parfum de verveine. Elle portait des robes de soie à la mode romantique, et, sur les guipures de ses guimpes, au bout d'une fine chaîne d'or, se balançait un camée. Ses corsages à courtes basques, un peu décolletés, comme il convenait à la coquetterie de son âge, avaient des manches pagode ; sur ses mains, retombait un bouffant de fine batiste qui rendait aux gestes de ses doigts engourdis un peu de la grâce d'autrefois[2].*

Durant l'été 1883, Victor Hugo accompagné d'Alice et de ses enfants partit faire un voyage en Suisse. André Quinet le photographia dans une calèche lors de son passage à Ragatz.

A la fin de sa vie, en 1884, Victor Hugo, qui n'avait jamais été propriétaire d'aucune de ses habitations parisiennes, voulut se faire construire un hôtel entre cour et jardin, sur un terrain près de son domicile, dans un style qui lui rappelât la place Royale dont il avait gardé le souvenir.

L'architecte Philippe Leidenfrost fut chargé de ce projet que la mort de Victor Hugo le 22 mai 1885 empêcha d'aboutir.

Dans cette salle sont présentées quelques photographies du poète âgé : le portrait pris par Nadar en 1878, quatre photographies prises par Chalot en 1884 réunies ici dans un même cadre. Une anecdote est rapportée à l'égard de celles-ci : ne parvenant pas à faire sourire Victor Hugo, le photographe eut l'idée de faire entrer la petite Jeanne. Le visage de son grand-père s'éclaira alors. A gauche du tableau peint par Charles Voillemot, on a placé une des deux dernières photographies du poète qui furent prises chez lui le 12 avril 1885 par Charles Gallot.

Le buste de bronze exécuté par Auguste Rodin est une des nombreuses commandes adressées par Paul Meurice à des artistes, à l'ouverture du musée. La réalisation de l'œuvre ayant pris du retard, on ne put que présenter un moulage de plâtre pour l'inauguration. En avril 1904 Rodin reprit ce plâtre en vue de procéder à la fonte du bronze qui ne fut livré au musée qu'en mars 1908. Ce buste semble correspondre à une partie du monument à Victor Hugo commandé par l'Etat à Rodin en 1891 pour le jardin du Luxembourg. Finalement installée dans les jardins du Palais-Royal, l'œuvre fut inaugurée en septembre 1909 et attribuée au musée Rodin en 1933. Deux pointes-sèches d'Auguste Rodin correspondent aux croquis faits par le sculpteur en 1883 chez Victor Hugo en dépit du peu de goût du poète pour les longues séances de pose. Le dessin d'Auguste-Louis Lepère est quant à lui postérieur à l'exécution du buste.

Auguste Rodin
Buste de
Victor Hugo

Charles Gallot
Victor Hugo
le 12 avril 1885

SALLE VII

Sa chambre à coucher, dans l'hôtel de l'avenue d'Eylau. C'était une petite pièce tendue de soie d'un vieux rouge. Des rideaux à gros plis cachaient les deux portes. Au plafond, une tapisserie encadrée d'une large bande de velours vert. Le lit de style Louis XIII à colonnes torses, venait du fond de la pièce presque jusqu'à la cheminée ; petite cheminée de marbre blanc avec un dessus de soie à festons, une pendule, deux chandeliers. Une seule fenêtre donnait sur le jardin en profondeur, par où la lumière entrait, violente, mettant des luisants sur un grand meuble à deux corps, dans lequel mon grand-père enfermait ses manuscrits. Près de la fenêtre, le haut bureau à écrire debout, avec les feuilles de Whatman, un plat encrier de Rouen à petit goulot, où était fichée une plume d'oie noircie jusqu'à la barbe, une soucoupe pleine de la poudre d'or dont il séchait les lignes fraîchement tracées. Il faisait sa toilette sur une commode Louis XV, à tiroirs ventrus incrustés de fleurs en marquete-rie. A côté du lit, sur un chiffonnier de chêne sculpté, une Justice de plâtre doré tenait son glaive en un geste froid. Un tapis de Smyrne étouf-fait les pas.

C'est ainsi que Georges Hugo fait revivre son grand-père dans ses souvenirs[3]. La reconstitution de la chambre du poète, où il mourut le 22 mai 1885, est fidèle à cette description ainsi qu'aux reproductions diffusées par la presse illustrée de l'époque.

Adrien Marie
*Victor Hugo
et ses petits-
enfants dans
la chambre
du poète,
avenue
d'Eylau*

La Justice de plâtre doré mentionnée par Georges Hugo est en réalité une statue de la République tenant un glaive et appuyée sur une stèle, exécutée en 1878 par Auguste Clésinger. Le sculpteur l'offrit à Victor Hugo pour son anniversaire, le 26 février 1879.

Sur la commode, un vase de Sèvres à fond bleu sur lequel se déroule un décor peint par T. Fragonard, illustrant *Le Joueur* de Jean-François Regnard. Le soir du 25 février 1881, au nom du gouvernement, Jules Ferry, président du Conseil, apporta ce présent à Victor Hugo qui entrait dans sa quatre-vingtième année.

A droite de la fenêtre, on remarquera enfin que la table sur laquelle le poète écrivait debout, résultat d'une de ses inventions, est constituée de deux tables superposées.

1. G. VICTOR-HUGO, *Mon grand-père*, Paris, 1902.
2. *Ibid.*
3. *Ibid.*

Victor Hugo
*Le Phare des
Casquets*

1ER ETAGE

Dans la première salle sont exposés par roulement les dessins de Victor Hugo. Le musée conserve quelque six cents numéros qui continuent à s'enrichir au gré des acquisitions et s'inscrivent dans une production considérable dont une immense partie se trouve à la Bibliothèque nationale. Dans son testament daté du 31 août 1881, le poète avait écrit : *Je donne tous mes manuscrits et tout ce qui serait trouvé écrit ou dessiné par moi à la Bibliothèque nationale de Paris, qui sera un jour la Bibliothèque des Etats-Unis d'Europe.*

Victor Hugo dessina durant toute sa vie et ne considéra cette activité que comme un délassement. Dans le *Salon de 1859*, Baudelaire parlait de *la magnifique imagination qui coule dans les dessins de Victor Hugo comme le mystère dans le ciel.* De Guernesey, le 29 avril 1860, Victor Hugo écrivit à l'auteur de cet éloge : *Vous m'avez envoyé, cher poëte, une bien belle page ; je suis tout heureux et très fier de ce que vous voulez bien penser des choses que j'appelle mes dessins à la plume. J'ai fini par y mêler du crayon, du fusain, de la sépia, du charbon, de la suie et toutes sortes de mixtures bizarres qui arrivent à rendre à peu près ce que j'ai dans l'œil et surtout dans l'esprit. Cela m'amuse entre deux strophes.*

Des années 1830-1840 datent de nombreuses caricatures et des paysages à la plume, d'une exécution minutieuse.

A partir du voyage sur les bords du Rhin en 1840, l'inspiration change et se diversifie. Le burg rhénan entouré d'un climat étrange et irréel, noyé d'obscurité, élément capital d'un univers visionnaire, permettra bientôt à Victor Hugo de tirer parti de l'utilisation des effets de fusain et de lavis.

L'année 1850 occupe une place à part dans cette activité de dessinateur. L'écriture, essentiellement consacrée aux discours politiques, est relayée durant quelques mois par le dessin. De cette année datent plusieurs grandes compositions dont certaines, ayant appartenu à Paul Meurice, sont conservées

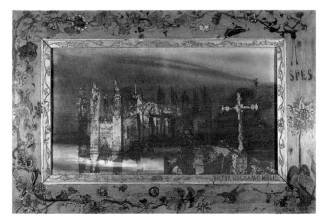

Victor Hugo
Le Burg
à la Croix

Paul
Meurice
dans son
cabinet de
travail,
rue
Fortuny

au musée. Parmi elles *Le Burg à la Croix*, d'un format inhabituel.
Le dessin est signé et daté en bas à gauche, VICTOR HUGO 1850.
Cette œuvre fit partie de la vente aux enchères organisée
à Paris les 8 et 9 juin 1852 après le départ du poète à
Bruxelles qui suivit le coup d'Etat. Elle fut alors acquise par
Paul Meurice. On aperçoit le dessin ainsi que *Le Phare des
Casquets* et *Le Phare d'Eddystone* sur une photographie de
Paul Meurice dans son cabinet de travail. Après son retour en
France en 1870, Victor Hugo refusant que l'œuvre lui soit res-
tituée enrichit cette dernière d'un cadre gravé et peint, décoré
d'oiseaux, d'insectes et de fleurs. On y lit *Victor Hugo / Siège
de Paris / [5 7bre 1870. 3 février 1871]*. On ne peut que
remarquer l'analogie avec certaines réalisations destinées à
Hauteville House ou à Hauteville Fairy.

Durant l'exil, l'océan devient une importante source d'inspiration. L'imagination du poète lui fait mettre en œuvre de nouveaux moyens d'expression tels que les pochoirs découpés permettant de réserver certaines parties du dessin, l'impression de dentelles métalliques, l'utilisation des taches... Le nom même de Victor Hugo s'inscrivant en lettres démesurées dans le champ du dessin devient fréquemment un élément important de la composition. A cette époque sont exécutés de nombreux croquis pour l'aménagement de Hauteville House.

Les dessins de voyage, qui furent toujours le fruit des fréquents déplacements de Victor Hugo, sont nombreux à partir des années 1860. De cette période date également la série de dessins liés aux *Travailleurs de la mer*.

En 1866, alors qu'il écrivait *L'Homme qui rit*, Victor Hugo réalisa *Le Phare des Casquets* et *Le Phare d'Eddystone*, pièces maîtresses de la collection du musée. *Au dix-septième siècle un phare était une sorte de panache de la terre au bord de la mer. L'architecture d'une tour de phare était magnifique et extravagante. On y prodiguait les balcons, les balustres, les tourelles, les logettes, les gloriettes, les girouettes. Ce n'étaient que mascarons, statues, rinceaux, volutes, rondes bosses, figures et figurines, cartouches avec inscriptions. Pax in bello, disait le phare d'Eddystone. [...] Outre les fantaisies de pierre, il y avait les fantaisies de fer, de cuivre, de bois ; les serrureries faisaient relief, les charpentes faisaient saillie. Partout, sur le profil du phare, débordaient, scellés au mur parmi les arabesques, des engins de toute espèce, utiles et inutiles, treuils, palans, poulies, contre-poids, échelles, grues de chargement, grappins de sauvetage. Sur le faîte, autour du foyer, de délicates serrureries ouvragées portaient de gros chandeliers de fer où l'on plantait des tronçons de câble noyés de résine, mèches brûlant opiniâtrement et qu'aucun vent n'éteignait. Et, du haut en bas, la tour était compliquée d'étendards de mer, de banderoles, de ban-*

Victor Hugo
*Le Phare
d'Eddystone*

nières, de drapeaux, de pennons, de pavillons, qui montaient de
hampe en hampe, d'étage en étage, amalgamant toutes les couleurs,
toutes les formes, tous les blasons, tous les signaux, toutes les turbu-
lences, jusqu'à la cage à rayons du phare, et faisaient dans la tempête
une joyeuse émeute de guenilles autour de ce flamboiement. [...]

C'était [le phare des Casquets] à cette époque [...] un bûcher
flambant sous un treillis de fer au haut d'un rocher, une braise der-
rière une grille, et une chevelure de flamme dans le vent. (*L'Homme
qui rit*, 1re partie, II, XI)

La collection du musée compte également une importante série de dessins datant du séjour de Victor Hugo à
Vianden en 1871.

A la fin de sa vie, fidèle à ses engagements, le poète
protesta contre la peine de mort à travers une suite de caricatures qui forment *Le Poëme de la Sorcière*. Laissons une fois

encore la parole à Georges Hugo : *Je le vis, à cette époque, dessi-*
ner quelquefois ; ce n'étaient que de petits croquis rapides, paysages,
caricatures, profils d'un seul trait, qu'il faisait sur un bout de papier
quelconque. Il jetait l'encre au hasard en écrasant la plume d'oie qui
grinçait et crachait en fusées. Puis il pétrissait, pour ainsi dire, la tache
noire qui devenait burg, forêt, lac profond ou ciel d'orage ; il mouillait
délicatement de ses lèvres la barbe de la plume et en crevait un
nuage d'où tombait la pluie sur le dessin humide ; ou bien, il en indi-
quait précisément les brumes qui estompent l'horizon. Il finissait alors
avec une allumette de bois et dessinait de délicats détails d'architec-
ture, fleurissant des ogives, donnant une grimace à une gargouille,
mettant la ruine sur une tour et l'allumette entre ses doigts devenait
burin[1].

Pour terminer ce survol trop rapide, justifié par les changements fréquents dans la présentation de cette salle, écoutons Théophile Gautier. Dans l'article qu'il publia dans *La Presse* le 7 juin 1852, il écrivait : *Victor Hugo, s'il n'était pas poète, serait un peintre de premier ordre ; il excelle à mêler, dans des fantaisies sombres et farouches, les effets de clair-obscur de Goya à la terreur architecturale de Piranèse ; il sait, au milieu d'ombres mena-çantes, ébaucher d'un rayon de lune ou d'un éclat de foudre, les tours d'un burg démantelé et sur un rayon livide de soleil couchant découper en noir la silhouette d'une ville lointaine avec sa série d'aiguilles, de clochers et de beffrois. Bien des décorateurs lui envieraient cette qualité étrange de créer des donjons, des vieilles rues, des châteaux, des églises en ruine d'un style insolite, d'une architecture inconnue, pleine d'amour et de mystère, dont l'aspect vous oppresse comme un cauchemar.*

Les salles suivantes sont consacrées aux expositions et aux présentations temporaires (illustrations de l'œuvre de Victor Hugo, documents liés à sa vie, à sa famille, caricatures...).

---

1. G. VICTOR HUGO, *op. cit.*

L'ESCALIER

L'accrochage des œuvres exposées dans l'escalier est susceptible de changements. Plusieurs d'entre elles illustrent l'œuvre de Victor Hugo ou des événements marquants de sa vie.

Au rez-de-chaussée, les dessins au fusain de Maillart (1840-1926) et de Gustave Brion (1824-1877) pour *Quatrevingt-treize*.

Sur le palier du premier étage, le panneau, pris en 1830 à la casbah du dey d'Alger et offert à Victor Hugo par le lieutenant Eblé, se trouvait, comme on l'a vu, dans le salon de la place Royale.

- Henri Fantin-Latour (1836-1904), *Le Satyre* (*La Légende des siècles*, 1re partie, VIII) :

Soudain il se courba sous un flot de clarté,

Et, le rideau s'étant tout à coup écarté,

Dans leur immense joie il vit les dieux terribles.

- Luc-Olivier Merson (1846-1920), *Une larme pour une goutte d'eau* (*Notre-Dame de Paris*, livre VI, chap. 4).

Entre le premier et le deuxième étage, un grand bas-relief en pâte de verre colorée représentant *L'Apothéose de Victor Hugo* fut exécuté par Henry Cros (1840-1907), à la demande de Paul Meurice. Le thème choisi doit être mis en rapport avec une strophe du poème *Le Cheval* (*Les Chansons des rues et des bois*) :

C'était le grand cheval de gloire,

Né de la mer comme Astarté,

A qui l'Aurore donne à boire

Dans les urnes de la clarté.

Au centre, le poète monté sur Pégase se dirige vers l'Aurore qui lui tend l'urne de la clarté. A gauche, l'ombre retourne vers l'obscurité. A la partie inférieure, la nymphe Castalie, inspiratrice des poètes, étendue, est encadrée à droite par les Rimes et à gauche par le groupe de la Pensée, de Pan et de l'Enthousiasme levant les bras vers le poète.

François Pompon
Cosette

- Daniel Vierge (1851-1904), *Les Funérailles de Charles Hugo*. Le fils aîné du poète, mort à Bordeaux le 13 mars 1871, fut enterré à Paris le 18 mars, jour où éclata la Commune. Le cortège, qui se dirigeait vers le cimetière du Père-Lachaise où se trouve le caveau familial, traversa une ville agitée. Victor Hugo et François-Victor suivaient le corbillard. Sur tout le parcours, la troupe présenta les armes sur leur passage. Victor Hugo a lui-même évoqué cette journée dans *Choses vues*.

Sur le palier du deuxième étage, les boiseries d'armoire proviennent de la chambre de Victor Hugo chez Paul Meurice à Veules-les-Roses, tout comme la table de style Louis XIII sur le palier suivant.

La statue en plâtre de Cosette est une œuvre de François Pompon (1855-1933), qui fut exposée au Salon de 1888.

- Alexandre Steinlen (1856-1923), *Les Pauvres Gens* (*La Légende des siècles*, 1re partie, XIII, 3) :
Tiens, dit-elle en ouvrant les rideaux, les voilà !

- Eugène Grasset (1845-1917), *Eviradnus* (*La Légende des siècles*, 1re partie, V, 2) :
Et, prenant aux talons le cadavre du roi,
Il marche à l'empereur qui chancelle d'effroi ;
Il brandit le roi mort comme une arme, il en joue,
Il tient dans ses deux poings les deux pieds, et secoue
Au-dessus de sa tête, en murmurant : Tout beau !
Cette espèce de fronde horrible du tombeau,
Dont le corps est la corde et la tête la pierre.
Le cadavre éperdu, se renverse en arrière,
Et les bras disloqués font des gestes hideux.

Albert Besnard
*La Première
d'Hernani*

Le portrait de Victor Hugo par François-Nicolas Chifflart (1825-1901) fut peint en février 1868 lors d'un séjour de l'artiste à Guernesey et exposé au Salon de la même année. L'agenda de Victor Hugo a consigné à la date du 9 février la séance de pose. Les initiales *F C* paraissent gravées dans la pierre sur laquelle est accoudé le poète. François-Nicolas Chifflart réalisa de nombreuses illustrations de l'œuvre de Victor Hugo, notamment *La Mort de Gilliatt* (*Les Travailleurs de la mer*, 3e partie, livre III, V).

- Alfred Roll (1846-1919), *L'Entrée de Victor Hugo dans sa quatre-vingtième année*. De la fenêtre de son hôtel avenue d'Eylau, le poète reçoit le vibrant hommage des Parisiens.

- Alfred Roll, *La Veillée sous l'Arc de triomphe*. Le 31 mai 1885, veille des funérailles, le corps de Victor Hugo fut exposé sous l'Arc de triomphe. Charles Garnier, qui s'était vu confier la réalisation d'un monument éphémère, avait érigé un gigantesque catafalque. Un long voile de crêpe noir recouvrait la partie gauche de l'Arc de triomphe et du quadrige de Falguière qui le surmontait. Quarante-quatre candélabres, allumés durant la nuit, entouraient la place. Les cuirassiers portaient des torches éclairées. Le 1er juin, jour de deuil national, l'immense cortège partit de l'Arc de triomphe, emprunta les Champs-Elysées, les boulevards Saint-Germain et Saint-Michel et la rue Soufflot pour se rendre au Panthéon. Le décret du 26 mai 1885, rendu au lendemain de la mort de Victor Hugo, avait décidé que l'église Sainte-Geneviève, rendue au culte sous le second Empire, serait à nouveau désaffectée. Dans l'escalier, on peut voir le célèbre portrait de Victor Hugo sur son lit de mort photographié par Nadar. A la mort du poète, Nadar, Bonnat,

Carjat, Dalou, Falguière, Glaize avaient été admis à pénétrer dans la chambre de l'avenue d'Eylau.

- Albert Besnard (1849-1934), *La Première d'Hernani*. Le tableau, commandé par Paul Meurice, tente de restituer l'ambiance dans laquelle se déroula, le 25 février 1830, la première de ce drame écrit entre le 29 août et le 24 septembre 1829. La pièce fut reçue au Théâtre-Français le 5 octobre. La soirée du 25 février, au cours de laquelle la jeunesse romantique surexcitée tint tête aux tenants du classicisme, marqua une date importante et inaugura la célèbre bataille d'Hernani.

Le jeune Théophile Gautier, qui arbore ici son fameux gilet rouge, menait les défenseurs de la pièce qui comptaient dans leurs rangs Louis Boulanger, Gérard de Nerval, Alfred de Musset, Petrus Borel, Célestin Nanteuil, les Devéria, Auguste de Châtillon... Le peintre a représenté la salle du Théâtre-Français peu avant le lever du rideau. Les deux camps, les romantiques reconnaissables à leurs cheveux longs et à leur tenue, et les classiques, se font face. Dans l'angle inférieur droit du tableau, le mot *Hierro* signifiant fer en espagnol, rappelle que cette mention figurait au bas des billets donnés par l'auteur à ses amis.

- Auguste Leroux (1871-1957), *La Confiance du marquis Fabrice* (*La Légende des siècles*, 1re partie, VII, 3) :

Le porte-glaive fit, n'étant qu'un misérable,
Tomber sur l'enfant mort la tête vénérable.

Et voici ce qu'on vit dans ce même instant-là :

La tête de Ratbert sur le pavé roula,
Hideuse, comme si le même coup d'épée,
Frappant deux fois, l'avait avec l'autre coupée.

L'horreur fut inouïe ; et tous, se retournant,
Sur le grand fauteuil d'or du trône rayonnant
Aperçurent le corps de l'empereur sans tête,

Et son cou d'où sortait, dans un bruit de tempête,
Un flot rouge, un sanglot de pourpre, éclaboussant
Les convives, le trône et la table, de sang.

Alors, dans la clarté d'abîme et de vertige
Qui marque le passage énorme d'un prodige,
Des deux têtes on vit l'une, celle du roi,
Entrer sous terre et fuir dans le gouffre d'effroi
Dont l'expiation formidable est la règle,
Et l'autre s'envoler avec des ailes d'aigle.

- Georges Rochegrosse (1859-1938), *Les Burgraves*.
Le peintre a représenté la scène de l'entrée de l'empereur
Frédéric Barberousse. Sur les marches le vieux Job se tient
debout. La pièce, écrite du 10 septembre au 19 octobre
1842, jouée au Théâtre-Français en mars et avril 1843, connut
un vif échec et fut la cible de nombreuses parodies. En 1902,
pour la commémoration du centenaire de Victor Hugo, elle
fut enfin reprise par la Comédie-Française. Mounet-Sully
tenait le rôle de Job, Mme Segond-Weber celui de
Guanhumara. Un pastel de René Gilbert (1858-1914), exposé
dans l'escalier, représente l'actrice dans ce rôle.

- François-Nicolas Chifflart, *La Conscience* (*La Légende
des siècles*, 1ʳᵉ partie, I, 2) :
Caïn, ne dormant pas, songeait aux pieds des monts.
Ayant levé la tête, au fond des cieux funèbres,
Il vit un œil, tout grand ouvert dans les ténèbres,
Et qui le regardait dans l'ombre fixement.

- François-Nicolas Chifflart, *Le Jour des rois* (*La Légende
des siècles*, 1ʳᵉ partie, IV, 5) :
Alors, tragique et se dressant,
Le mendiant, tendant ses deux mains décharnées,
Montra sa souquenille immonde aux Pyrénées,
[...].

1802	Naissance de Victor Hugo, à Besançon (26 février).
1803	Naissance d'Adèle Foucher. Léopold Hugo emmène ses trois fils en Corse puis à l'île d'Elbe où Sophie les rejoint.
1804	Sophie et ses fils rentrent à Paris : rue Neuve-des-Petits-Champs puis rue de Clichy.
1806	Naissance de Julienne Gauvain, future Juliette Drouet.
1807	Léopold est nommé commandant militaire de la province d'Avellino, près de Naples.
1808	Sophie et ses enfants retrouvent Léopold à Naples.
1809	Sophie et ses enfants rentrent à Paris : rue de Clichy, puis rue Saint-Jacques, puis impasse des Feuillantines. Victor suit les leçons du père La Rivière (jusqu'en 1815).
1810	Léopold est fait comte de Sigüenza et nommé gouverneur de plusieurs provinces en Espagne. Arrestation de Lahorie aux Feuillantines.
1811	Sophie et ses enfants rejoignent Léopold à Madrid. Eugène et Victor sont internes au collège des Nobles.
1812	Sophie, Eugène et Victor rentrent aux Feuillantines.
1813	Sophie et ses enfants s'installent rue des Vieilles-Tuileries.
1815	Eugène et Victor sont internes à la pension Cordier. Victor commence ses *Cahiers de vers français*.
1816	*La France en deuil. Le Déluge. Irtamène.* Cours au lycée Louis-le-Grand.
1817	Mention au concours de l'Académie française pour le poème *Du bonheur que procure l'étude dans toutes les situations de la vie.* Victor commence *Athélie* et écrit *A.Q.C.H.E.B.* (A quelque chose hasard est bon).
1818	Jugement définitif de séparation de Léopold et Sophie. Victor et Eugène viennent habiter chez leur mère, rue des Petits-Augustins. Inscription à la faculté de droit. Première rédaction de *Bug-Jargal.*
1819	Lys d'or à l'Académie des Jeux Floraux de Toulouse pour l'ode sur *Le Rétablissement de la statue de Henri IV.* Fondation du *Conservateur littéraire.*
1820	Gratification royale pour l'ode sur *La Mort du duc de Berry.* Correspondance secrète entre Victor et Adèle. Mme Hugo et ses enfants s'installent rue de Mézières. Ode sur *La Naissance du duc de Bordeaux.*
1821	Victor commence *Han d'Islande* (publié en 1823). Mort de Sophie Hugo. Fiançailles de Victor et Adèle.

1822	Victor s'installe rue du Dragon. Pension royale à la suite de la publication des *Odes et Poésies diverses*. Mariage de Victor et Adèle à Saint-Sulpice. Le ménage habite 39, rue du Cherche-Midi.
1823	Début de *La Muse française*. Naissance d'un fils, Léopold-Victor, qui vivra moins de trois mois.
1824	*Nouvelles Odes*. Installation 90, rue de Vaugirard. Naissance de Léopoldine.
1825	Victor nommé chevalier de la Légion d'honneur. Voyage à Reims pour le Sacre de Charles X. Ode sur *Le sacre de Charles X*. Voyage dans les Alpes.
1826	Publication de la deuxième version de *Bug-Jargal*, des *Odes et Ballades*. Naissance de Charles
1827	Ode *A la colonne de la place Vendôme*. Installation 11, rue Notre-Dame-des-Champs. Publication de *Cromwell* et de sa *Préface*.
1828	Mort du général Hugo. Echec d'*Amy Robsart* à l'Odéon. Naissance de Victor.
1829	*Les Orientales*, *Le Dernier Jour d'un condamné*. Interdiction de *Marion de Lorme*.
1830	*Hernani*. Installation 9, rue Jean-Goujon. Naissance d'Adèle.
1831	*Notre-Dame de Paris*. Première et publication de *Marion de Lorme*. *Les Feuilles d'automne*.
1832	Installation 6, place Royale. Première du *Roi s'amuse*. Interdiction de la pièce, publication.
1833	*Lucrèce Borgia*. Début de la liaison de Victor Hugo et de Juliette Drouet. *Marie Tudor*.
1834	*Etude sur Mirabeau*, *Littérature et philosophie mêlées*, *Claude Gueux*. Premiers voyages avec Juliette.
1835	*Angelo, tyran de Padoue*. Voyage en Normandie et en Picardie. *Les Chants du crépuscule*.
1836	Echecs à l'Académie. Voyage en Bretagne et en Normandie. Echec à l'Opéra de *La Esmeralda* (livret de Victor Hugo, musique de Louise Bertin).
1837	*Les Voix intérieures*. Hugo promu officier de la Légion d'honneur. Voyage en Belgique et en Normandie.
1838	Voyage en Champagne. *Ruy Blas*.
1839	Voyage en Alsace, Suisse, Provence, Bourgogne. Echec à l'Académie.

1840	Nouvel échec à l'Académie. *Les Rayons et les Ombres*. Voyage dans la vallée du Rhin. *Le Retour de l'Empereur*.
1841	Election à l'Académie française.
1842	*Le Rhin*.
1843	Mariage de Léopoldine et Charles Vacquerie. *Les Burgraves*. Voyage en Espagne et dans les Pyrénées. Mort de Léopoldine et de Charles, noyés dans la Seine le 4 septembre.
1845	Hugo nommé pair de France. Début de la rédaction des *Misères* qui deviendront *Les Misérables*.
1846	Discours à la Chambre des pairs.
1847	Discours tendant à autoriser la famille Bonaparte à rentrer en France.
1848	Hugo élu député de Paris à la Constituante. Discours sur les ateliers nationaux. Hugo est nommé commissaire pour rétablir l'ordre chez les insurgés. Son appartement est envahi. Installation 5, rue de l'Isly, puis 37, rue de la Tour-d'Auvergne. Création de *L'Evénement*. Discours sur la liberté de la presse.
1849	Hugo élu député de Paris à l'Assemblée législative. Discours sur la misère. Président du Congrès de la Paix. Voyage en Normandie. Discours sur l'expédition de Rome.
1850	Discours sur la liberté de l'enseignement. Discours pour le suffrage universel.
1851	Départ pour Bruxelles.
1852	Un décret expulse Hugo de France. Vente du mobilier à Paris. Publication à Bruxelles de *Napoléon-Le-Petit*. Départ pour Jersey. Installation à Marine-Terrace.
1853	Tables tournantes. *Châtiments*.
1854	*Lettre à Lord Palmerston*. Hugo compose certaines parties de *La Fin de Satan* (publié en 1886).
1855	Hugo compose en partie *Dieu* (publié en 1891). Expulsion de Jersey. Arrivée à Guernesey.
1856	*Les Contemplations*. Achat de Hauteville House.
1858	*La Pitié suprême*, *L'Ane* (publiés en 1879 et 1880).
1859	Refus de l'amnistie. *La Légende des siècles*. Intervention en faveur de John Brown.
1860	Reprise des *Misérables* (abandonnés depuis 1848).
1861	Voyage en Belgique et en Hollande.
1862	*Les Misérables*. Voyage en Belgique, au Luxembourg et sur les bords du Rhin.

GENEALOGIE

Léopold HUGO
1773-1828

1re ép. Sophie TREBUCHET 1772-1821
2e ép. Catherine THOMAS 1783-1858

du 1er mariage

Abel
1798-1855
ép. Julie DUVIDAL de MONTFERRIER
1787-1869

Léopold
1823

Léopoldine
1824-1843
ép. Charles VACQUERIE
1817-1843

Eugène
1800-1837

Victor
1802-1885
ép. Adèle FOUCHER
1803-1868

Charles
1826-1871
ép. Alice LEHAENE
1817-1928
remariée en 1877
à Edouard LOCKROY

Georges
1867-1868

Georges
1868-1925
1re ép. Pauline MÉNARD-DORIAN
2e ép. Dora DORIAN

du 1er mariage   du 2e mariage

Jean
1894-1984

Marguerite
1896-1984

François
1899-1982

François-Victor
1828-1873

Adèle
1830-1915

Jeanne
1869-1941
1re ép. Léon DAUDET
2e ép. Jean CHARCOT
3e ép. Michel NEGREPONTE

du 1er mariage

Charles
1892-1960

ENTREE DU MUSEE
6, place des Vosges, 75004 Paris

HEURES D'OUVERTURE
Du mardi au dimanche
De 10 h à 17 h 40
Fermé le lundi et jours fériés
Bibliothèque ouverte sur rendez vous

TRANSPORTS
Métro Saint-Paul / Bastille / Chemin-Vert
Bus nos 20, 29, 65, 69, 76, 96

**SERVICE DE LA COMMUNICATION
ET DE L'ANIMATION**
- Groupes admis sur demande
  Visites-conférences sur demande
  (groupes de 30 personnes maximum)
- Renseignements tél. 42 72 10 16